Printed in the USA

Nepali Language:

21 Nepali Verbs Conjugated in All Common Tenses

BY AMITA DHITAL

Contents

Introduction	1
1. To Come – आउनु (Aaunu)	7
2. To Work – काम गर्नु (Kaam garnu)	13
3. To Try – कोशिस/प्रयास गर्नु (Koshis/Prayaas garnu)	19
4. To Buy - किन्नु (Kinnu)	25
5. To Find – खोज्नु (Khojnu)	31
6. To Do - गर्नु (Garnu)	37
7. To Want – चाहनु (Chahanu)	43
8. To Go – जानु (Jaanu)	49
9. To Know – जान्नु/चिन्नु (Jaannu/Chinnu)	55
10. To Give – दिनु (Dinu)	61
11. To Get – पाउनु (Paaunu)	67
12. To Use – प्रयोग गर्नु (Prayog garnu)	73
13. To Tell – बताउनु (Bataaunu)	79
14. To Make – बनाउनु (Banaaunu)	85
15. To Call – बोलाउनु (Bolaaunu)	91
16. To Say – भन्नु (Bhannu)	97
17. To Take – लिनु (Linu)	103
18. To Think – सोच्नु (Sochu)	109
19. To Ask - सोध्नु (Sodhnu)	115
20. To See – हेर्नु (Hernu)	121
21. To Be - हुनु (Hunu)	127

NEPALI VERB (क्रिया)

INTRODUCTION:

In Nepali, verb is known as (क्रिया) 'kriya'. Verbs are conjugated using the root of the verb known as (धातु) 'dhaatu' – main form of the verb. We remove the 'nu' from a verb to get the root of any verb. The 'lekhnu' (to write) has the 'dhaatu' as 'lekh'. So, lekhnu (to write) stems from the 'dhaatu' (main form), lekh (लेख). So, when we conjugate verbs in Nepali, we suffix (which corresponds to its subject and its status) which determines the tense and the nature of it. Nepali vebs are quite highly inflected, agreeing with the subject in number, gender, status and person. They also inflect for tense, mood, and aspect. Now, since verbs are so inflected different forms are used to describe different subjects.

Below are the simple forms of the 3 tenses for the verb 'lekhnu' (to write) for subject,

'म' (*Ma*; I):

Present Tense: lekh + chhu (लेख् + छु) = लेख्छु

Past Tense: lekh + e (*nasal*) (लेख् + एं) = लेखें

Future Tense: lekh + nechhu (लेख् + नेछु) = लेख्नेछु

Another one for **'तिमी' (*Timi*; You)**

Present Tense: lekh + chhau (लेख् + छौ) = लेख्छौ

Past Tense: lekh + yau (लेख् + यौ) = लेख्यौ

Future Tense: lekh + nechha (लेख् + नेछौ) = लेख्नेछौ

Now, let us make sentences for the 3rd person **'ऊ' (*U*; He)** using the above examples:

Present Tense:

ऊ चिट्ठी **लेख्छ** | *U chitthi lekhchha.* He writes a letter.

Past Tense:

ऊसले चिट्ठी **लेख्यो** | *Usle chitthi lekhyo.* He wrote a letter.

Future Tense:

ऊसले चिट्ठी **लेख्ने छ** | *Usle chitthi lekhnechha.* He will write a letter.

HONORIFIC VERB FORMS:

Unlike English language, Nepali language has verbs with honorific forms. The verb directly inflects in accordance with the person.

Here is an example for second person, ie. *You*.

You write a letter.		
STATUS	**NEPALI**	**TRANSLITERATION**
Low respect	तँ चिट्ठी *लेख्छस्*।	Ta chitthi *lekhchhas*
Medium respect	तिमी चिट्ठी *लेख्छौ*।	Timi chitthi *lekhchhau*
High Respect	तपाई चिट्ठी *लेख्नु हुन्छ*।	Tapaaii chitthi *lekhnu hunchha*

PERSON:

There are three types of persons in Nepali, namely, first person, second person and third person. It may be singular or plural. Here is an example of the verb *lekhnu* (to write). In second person and third person, plural form is created with the addition of '*हरु* (haru).

For example: तिमी*हरु*(Timi*haru*), ऊनी*हरु*(Uni*haru*), तपाई*हरु*(Tapaaii*haru*), etc.

PERSON	SINGULAR	PLURAL
प्रथम पुरुष (pratham purush) First Person	म (Ma) I	हामी (Haami) We
	म चिट्ठी लेख्छु।	हामी चिट्ठी लेख्छौं।
	Ma chitthi lekhchhu	Haami chitthi lekhchhaun
	I write a letter	We write a letter
द्वितीय पुरुष (dwitiya purush) Second Person	तँ/तिमी/ तपाई (Ta/Timi/Tapaaii) You	तिमीहरु/तपाईहरु (Timiharu/Tapaaiiharu) You
	तँ चिट्ठी लेख्छस्। तिमी चिट्ठी लेख्छौ। तपाई चिट्ठी लेख्नु हुन्छ।	तिमीहरु चिट्ठी लेख्छौ। तपाईहरु चिट्ठी लेख्नु हुन्छ।
	Ta chitthi lekhchhas Timi chitthi lekhchhau Tapaaii chitthi lekhnu huncha	Timiharu chitthi lekhchhau. Tapaiiharu chitthi lekhnu hunchha.
	You write a letter	You write a letter.

तृतीय पुरुष (tritiya purush) Third Person	ऊ, ऊनी, त्यो (U, Uni, Tyo) **He/She/It**	ऊनीहरु (Uniharu) **They**
	ऊ चिट्ठी लेख्छ । ऊनी चिट्ठी लेख्छिन् । त्यसले चिट्ठी लेख्छ ।	ऊनीहरु चिट्ठी लेख्छन् ।
	U chitthi lekhchha Uni chitthi lekhchhin Tyasle chitthi lekhchha	Uniharu chitthi lekhchhan
	He/She/It writes a letter.	They write a letter.

GENDER:

There are three types of genders in Nepali. They are mentioned below:

1. **MASCULINE पुलिंग** *(Pulinga)*:
   It indicates the male gender.
   Ex. राम चिट्ठी लेख्छ । *(Ram chitthi lekhchh.)* (Ram writes a letter.)

2. **FEMININE स्त्रिलिंग** *(Strilinga)*:
   It indicates the female gender.
   Ex. सीता चिट्ठी लेख्छिन् । *(Sita chitthi lekhchhinn)* (Sita writes a letter.)

3. **NEUTRAL नपुंसकलिंग** *(Napunsaklinga)*:
   It indicates the neutral gender.
   Ex. त्यो राम्रो छ । *(Tyo raamro cha)* (It is good.)

TENSE:

Like any other languages, Nepali grammer also has Present, Past and Future tenses to indicate the time of action. The verb tense indicates the time at which the action of the verb takes place. In Nepali, there are three tenses with three sub-tenses, each.

(1) बर्तमान काल (Present Tense):
Present tense indicates that the action is happening in the present.

- सामान्य बर्तमान काल *Saamanya Bartamaan Kaal* (Simple Present)
- अपूर्ण बर्तमान काल *Apurna Bartamaan Kaal* (Present Continuous)
- पूर्ण बर्तमान काल *Purna Bartamaan Kaal* (Present Perfect)

(2) भूत काल (Past Tense):
Past tense indicates an action performed in the past.

- सामान्य भूत काल *Saamanya Bhoot Kaal* (Simple Past)
- अपूर्ण भूत काल *Apurna Bhoot Kaal* (Past Continuous)
- पूर्ण भूत काल *Purna Bhoot Kaal* (Past Perfect)

(3) भबिष्य काल (Future Tense):
Future tense indicates an action to be perfomed in the future.

- सामान्य भबिष्य काल *Saamanya Bhabishya Kaal* (Simple Future)
- अपूर्ण भबिष्य काल *Apurna Bhabishya Kaal* (Future Continuous)
- पूर्ण भबिष्य काल *Purna Bhabishya Kaal* (Future Perfect)

TYPES OF VERBS:

Verb may be classified as transitive and intransitive. It may be also simple or causative. In Nepali, these are called '*Akarmak*' and '*Sakarmak*' *kriya* respectively.

- **सकर्मक क्रिया** *Sakarmak Kriya* (Transitive verb) is the verb that needs an object.

    For ex., Ram writes a *letter*. (राम चिट्ठी लेख्छ ।) Ram *chitthi* lekhchha.

    Here, *letter* (चिट्ठी) is the object.

- **अकर्मक क्रिया** *Akarmak Kriya* (Intransitive verb) is the verb that does not need an object and it stresses on subject.

    For ex., Sita is laughing. (सीता हाँस्दै छिन् ।) Sita *haansdai chhin*.

    Here, object is absent and the verb (to laugh) 'हाँस्नु' '*haansnu*' is stressing on the subject *Sita*.

Some more examples are shown below in table:

VERB TYPE	ENGLISH	NEPALI	TRANSLITERATION
Intransitive	To cry	रुनु	Runu
Intransitive	To smile	मुस्कुराउनु	Muskuraaunu
Transitive	To write	लेख्नु	Lekhnu
Transitive	To drink	पिउनु	Piunu

- प्रेरणार्थक क्रिया *Preranaarthak Kriya* (Causitive Verb):

    When you make someone to do something, you are causing someone to do an action. The verb involved in such sentences indicates that an action is caused by something. These verbs are called causative verb and are all in transitive nature.

    For ex., मैले *लेखाउन* थालेको छु | *Maile lekhaauna thaleko chhu.* I have started to make him/her write.
    Here, *lekhaauna* (make someone write) is a causative verb in Nepali.

INFINITIVE FORM OF VERB:

An infinitive form of verb is a basic form of verb, without an inflection binding it to a particular subject or tense. There are two types of infinite verbs in Nepali, which are, 'nu' and 'na'. The definition of a verb is very strict in Nepali hence the verb which translates into infinitives is either classified as a *Noun* or an *Adverb*.

'NU' INIFINITIVE:

When you are making sentences using this type of infinitive, treat it like a noun. But this doesnot mean it is a gerund. This type of infinitive can be found far away from the main verb.

For Ex.: हिंड्नु स्वस्थ रहनको लागि राम्रो कसरत हो | (**Hind*nu*** swastha rahanako laagi raamro kasrat ho.) **Walking** is a good exercise to stay healthy.

'NA' INFINITIVE:

The '*na*' infinitive type of verb functions like an adverb; hence it is often used in adverbial phrases or clauses.

To make a '*na*' type infinitive, just remove the '*u*' (उ) sound from type-one infinitive '*nu*' and replace it with an '*a*' (अ) sound.

For ex. *To walk.* हिंड्नु (*hindnu*) becomes हिंड्न (hind*na*).

हिंड्नको लागि दुई खुट्टाहरु चाहिन्छ । (Hind*na*ko laagi dui khuttaharu chahincha.)

Walking requires two legs.

1. To Come – आउनु (Aaunu)

PRESENT TENSE (बर्तमान काल) BARTAMAAN KAAL
SIMPLE PRESENT (सामान्य बर्तमान) SAAMANYA BARTAMAAN

ENGLISH	NEPALI	TRANSLITERATION
I come	म आउछु	Ma aauchhu
You come	तँ आउंछस् तिमी आउछौ तपाई आउनु हुन्छ	(Low Respect) Ta *(Nasal)* aauchhas (Medium Respect) Timi aauchhau (High Respect) Tapaaii aaunu huncha
He/She/It comes	ऊ आउछ ऊनी आउछिन् त्यो आउछ	U aauchha Uni aauchhin Tyo aauchha
We come	हामी आउछौं	Haami aauchhaun *(Nasal)*
You come	तिमीहरु आउछौ तपाईहरु आउनु हुन्छ	(Medium Respect) Timiharu aauchhau (High Respect) Tapaaiiharu aaunu huncha
They come	ऊनीहरु आउछन्	Uniharu aauchhan

PRESENT CONTINUOUS (अपूर्ण बर्तमान) APURNA BARTAMAAN

ENGLISH	NEPALI	TRANSLITERATION
I am coming	म आउदै छु	Ma aaudai chhu
You are coming	तँ आउदै छस् तिमी आउदै छौ तपाई आउदै हुनु हुन्छ	(Low Respect) Ta *(Nasal)* aaudai chhas (Medium Respect) Timi aaudai chhau (High Respect) Tapaaii aaudai hunu huncha
He/She/It is coming	ऊ आउदै छ ऊनी आउदै छिन् त्यो आउदै छ	U aaudai chha Uni aaudai chhin Tyo aaudai chha
We are coming	हामी आउदै छौं	Haami aaudai chhaun *(Nasal)*

You are coming	तिमीहरु आउदै छौ तपाईहरु आउदै हुनु हुन्छ	(Medium Respect) Timiharu aaudai chhau (High Respect) Tapaaiiharu aaudai hunu huncha
They are coming	ऊनीहरु आउदै छन्	Uniharu aaudai chhan

PRESENT PERFECT (पूर्ण बर्तमान) PURNA BARTAMAAN

ENGLISH	NEPALI	TRANSLITERATION
I have come	म आएको छु	Ma aaeko chhu
You have come	तँ आएको छस् तिमी आएको छौ तपाई आउनु भएको छ	(Low Respect) Ta (Nasal) aaeko chhas (Medium Respect) Timi aaeko chhau (High Respect) Tapaaii aaunu bhaeko chha
He/She/It has come	ऊ आएको छ ऊनी आएकी छिन् त्यो आएको छ	U aaeko chha Uni aaeki chhin Tyo aaeko chha
We have come	हामी आएका छौं	Haami aaeka chhaun (Nasal)
You have come	तिमीहरु आएका छौ तपाईहरु आउनु भएको छ	(Medium Respect) Timiharu aaeka chhau (High Respect) Tapaaii haru aaunu bhaeko chha
They have come	ऊनीहरु आएका छन्	Uniharu aaeka chhan

PAST TENSE (भूत काल) BHOOT KAAL
SIMPLE PAST (सामान्य भूत) SAAMANYA BHOOT

ENGLISH	NEPALI	TRANSLITERATION
I came	म आएँ	Ma aaen (nasal)
You came	तँ आईस् तिमी आयौ तपाई आउनु भयो	(Low Respect) Ta (nasal) aaiis (Medium Respect) Timi aayau (High Respect) Tapaaii aaunu bhayo
He/She/It came	ऊ आयो ऊनी आईन् त्यो आयो	U aayo Uni aaiin Tyo aayo
We came	हामी आयौं	Haami aayaun (nasal)

You came	तिमीहरु आयौ तपाईहरु आउनु भयो	(Medium Respect) Timiharu aayau (High Respect) Tapaiharu aaunu bhayo
They came	ऊनीहरु आए	Uniharu aae

PAST CONTINUOUS (अपूर्ण भूत) APURNA BHOOT

ENGLISH	NEPALI	TRANSLITERATION
I was coming	म आउदै थिएँ	Ma aaudai thiyen
You were coming	तँ आउदै थिईस् तिमी आउदै थियौ तपाई आउदै हुनु हुन्थ्यो	(Low Respect) Ta (Nasal) aaudai thiis (Medium Respect) Timi aaudai thiyau (High Respect) Tapaaii aaudai hunu hunthyo
He/She/It was coming	ऊ आउदै थियो ऊनी आउदै थिईन् त्यो आउदै थियो	U aaudai thiyo Uni aaudai thiin Tyo aaudai thiyo
We were coming	हामी आउदै थियौं	Haami aaudai thiyaun
You were coming	तिमीहरु आउदै थियौ तपाईहरु आउदै हुनु हुन्थ्यो	(Medium Respect) Timiharu aaudai thiyau (High Respect) Tapaaii haru aaudai hunu hunthyo
They were coming	ऊनीहरु आउदै थिए	Uniharu aaudai thiye

PAST PERFECT (पूर्ण भूत) PURNA BHOOT

ENGLISH	NEPALI	TRANSLITERATION
I had come	म आएको थिएँ	Ma aaeko thiyen
You had come	तँ आएको थिईस् तिमी आएको थियौ तपाई आउनु भएको थियो	(Low Respect) Ta (nasal) aaeko thiis (Medium Respect) Timi aaeko thiyau (High Respect) Tapaaii aaunu bhaeko thiyo
He/She/It had come	ऊ आएको थियो ऊनी आएकी थिईन् त्यो आएको थियो	U aaeko thiyo Uni aaeki thiin Tyo aaeko thiyo

We had come	हामी आएका थियौं	Haami aaeka thiyaun (nasal)
You had come	तिमीहरु आएका थियौ तपाईहरु आउनु भएको थियो	(Medium Respect) Timiharu aaeka thiyau (High Respect) Tapaaiiharu aaunu bhaeko thiyo
They had come	ऊनीहरु आएका थिए	Uniharu aaeka thiye

FUTURE TENSE (भबिष्य काल) BHABISHYA KAAL
SIMPLE FUTURE (सामान्य भबिष्य) SAAMANYA BHABISHYA

ENGLISH	NEPALI	TRANSLITERATION
I will come	म आउने छु	Ma aaune chhu
You will come	तँ आउने छस् तिमी आउने छौ तपाई आउनु हुने छ	(Low Respect) Ta (Nasal) aaune chhas (Medium Respect) Timi aaune chhau (High Respect) Tapaaii aaunu hune chha
He/She/It will come	ऊ आउने छ ऊनी आउने छिन् त्यो आउने छ	U aaune chha Uni aaune chhin Tyo aaune chha
We will come	हामी आउने छौं	Haami aaune chhaun (Nasal)
You will come	तिमीहरु आउने छौ तपाईहरु आउनु हुने छ	(Medium Respect) Timiharu aaune chhau (High Respect) Tapaaii haru aaunu hune chha
They will come	ऊनीहरु आउने छन्	Uniharu aaune chhan

FUTURE CONTINUOUS (अपूर्ण भबिष्य) APURNA BHABISHYA

ENGLISH	NEPALI	TRANSLITERATION
I will be coming	म आउदै हुने छु	Ma aaudai hune chhu
You will be coming	तँ आउदै हुने छस् तिमी आउदै हुने छौ तपाई आउदै हुनु हुने छ	(Low Respect) Ta (Nasal) aaudai hune chhas (Medium Respect) Timi aaudai hune chhau (High Respect) Tapaaii aaudai hunu hune chha

He/She/It will be coming	ऊ आउदै हुने छ ऊनी आउदै हुने छिन् त्यो आउदै हुने छ	U aaudai hune chha Uni aaudai hune chhin Tyo aaudai hune chha
We will be coming	हामी आउदै हुने छौं	Haami aaudai hune chhaun *(Nasal)*
You will be coming	तिमीहरु आउदै हुने छौ तपाईहरु आउदै हुनु हुने छ	(Medium Respect) Timiharu aaudai hune chhau (High Respect) Tapaiharu aaudai hunu hune chha
They will be coming	ऊनीहरु आउदै हुने छन्	Uniharu aaudai hune chhan

FUTURE PERFECT (पूर्ण भबिष्य) PURNA BHABISHYA

ENGLISH	NEPALI	TRANSLITERATION
I will have come	म आएको हुने छु	Ma aaeko hune chhu
You will have come	तँ आएको हुने छस् तिमी आएको हुने छौ तपाई आएको हुनु हुने छ	(Low Respect) Ta *(Nasal)* aaeko hune chhas (Medium Respect) Timi aaeko hune chhau (High Respect) Tapaaii aaeko hunu hune chha
He/She/It will have come	ऊ आएको हुने छ ऊनी आएकी हुने छिन् त्यो आएको हुने छ	U aaeko hune chha Uni aaeki hune chhin Tyo aaeko hune chha
We will have come	हामी आएको हुने छौं	Haami aaeko hune chhaun *(Nasal)*
You will have come	तिमीहरु आएको हुने छौ तपाईहरु आएको हुनु हुने छ	Timiharu aaeko hune chhau (High Respect) Tapaaii haru aaeko hunu hune chha
They will have come	ऊनीहरु आएको हुने छन्	Uniharu aaeko hune chhan

2. To Work – काम गर्नु (Kaam garnu)

PRESENT TENSE (बर्तमान काल) BARTAMAAN KAAL

SIMPLE PRESENT (सामान्य बर्तमान) SAAMANYA BARTAMAAN

ENGLISH	NEPALI	TRANSLITERATION
I work	म काम गर्छु	Ma kaam garchhu
You work	तँ काम गर्छस् तिमी काम गर्छौ तपाईं काम गर्नु हुन्छ	(Low Respect) Ta (Nasal) kaam garchhas (Medium Respect) Timi kaam garchhau (High Respect) Tapaaii kaam garnu hunchha
He/She/It works	ऊ काम गर्छ उनी काम गर्छिन् त्यसले काम गर्छ	U kaam garchha Uni kaam garchhin Tyasle kaam garchha
We work	हामी काम गर्छौं	Haami kaam garchhaun (Nasal)
You work	तिमीहरु काम गर्छौ तपाईंहरु काम गर्नु हुन्छ	(Medium Respect) Timiharu kaam garchhau (High Respect) Tapaaiiharu kaam garnu huncha
They work	उनीहरु काम गर्छन्	Uniharu kaam garchhan

PRESENT CONTINUOUS (अपूर्ण बर्तमान) APURNA BARTAMAAN

ENGLISH	NEPALI	TRANSLITERATION
I am working	म काम गर्दैछु	Ma kaam gardai chhu
You are working	तँ काम गर्दैछस् तिमी काम गर्दैछौ तपाईं काम गर्दै हुनु हुन्छ	(Low Respect) Ta (Nasal) kaam gardai chhas (Medium Respect) Timi kaam gardai chhau (High Respect) Tapaaii kaam gardai hunu huncha
He/She/It is working	ऊ काम गर्दैछ उनी काम गर्दैछिन् त्यसले काम गर्दैछ	U kaam gardai chha Uni kaam gardai chhin Tyasle kaam gardai chha

We are working	हामी काम गर्दैछौं	Haami kaam gardai chhaun (Nasal)
You are working	तिमीहरु काम गर्दैछौ तपाईहरु काम गर्दै हुनु हुन्छ	(Medium Respect) Timiharu kaam gardai chhau (High Respect) Tapaaiiharu kaam gardai hunu huncha
They are working	ऊनीहरु काम गर्दै छन्	Uniharu kaam gardai chhan

PRESENT PERFECT (पूर्ण बर्तमान) PURNA BARTAMAAN

ENGLISH	NEPALI	TRANSLITERATION
I have worked	मैले काम गरेको छु	Maile kaam gareko chhu
You have worked	तैंले काम गरेको छस् तिमीले काम गरेको छौ तपाईले काम गर्नु भएको छ	(Low Respect) Taile (Nasal) kaam gareko chhas (Medium Respect) Timile kaam gareko chhau (High Respect) Tapaile kaam garnu bhaeko cha
He/She/It has worked	ऊसले काम गरेको छ ऊनीले काम गरेकी छिन् त्यसले काम गरेको छ	Usle kaam gareko chha Unile kaam gareki chhin Tyasle kaam gareko chha
We have worked	हामीले काम गरेका छौं	Haamile kaam gareka chhaun (Nasal)
You have worked	तिमीहरुले काम गरेका छौ तपाईहरुले काम गर्नु भएको छ	(Medium Respect) Timiharule kaam gareka chhau (High Respect) Tapaaii harule kaam garnu bhaeko chha
They have worked	ऊनीहरुले काम गरेका छन्	Uniharule kaam gareka chhan

PAST TENSE (भूत काल) BHOOT KAAL
SIMPLE PAST (सामान्य भूत) SAAMANYA BHOOT

ENGLISH	NEPALI	TRANSLITERATION
I worked	मैले काम गरें	Maile kaam garen
You worked	तैंले काम गरिस् तिमीले काम गर्यौ तपाईले काम गर्नु भयो	(Low Respect) Taile (Nasal) kaam garis (Medium Respect) Timile kaam garyau (High Respect) Tapaaiile kaam garnu bhayo

He/She/It worked	ऊसले काम गर्‍यो ऊनीले काम गरिन् त्यसले काम गर्‍यो	Usle kaam garyo Unile kaam garin Tyasle kaam garyo
We worked	हामीले काम गर्‍यौं	Haamile kaam garyaun (nasal)
You worked	तिमीहरुले काम गर्‍यौ तपाईहरुले काम गर्नु भयो	(Medium Respect) Timiharule kaam garyau (High Respect) Tapaiharule kaam garnu bhayo
They worked	ऊनीहरुले काम गरे	Uniharule kaam gare

PAST CONTINUOUS (अपूर्ण भूत) APURNA BHOOT

ENGLISH	NEPALI	TRANSLITERATION
I was working	म काम गर्दै थिएँ	Ma kaam gardai thiyen (Nasal)
You were working	तँ काम गर्दै थिईस् तिमी काम गर्दै थियौ तपाई काम गर्दै हुनु हुन्थ्यो	(Low Respect) Ta (Nasal) kaam gardai thiis (Medium Respect) Timi kaam gardai thiyau (High Respect) Tapaaii kaam gardai hunu hunthyo
He/She/It was working	ऊ काम गर्दै थियो ऊनी काम गर्दै थिईन् त्यसले काम गर्दै थियो	U kaam gardai thiyo Uni kaam gardai thiin Tyasle kaam gardai thiyo
We were working	हामी काम गर्दै थियौं	Haami kaam gardai thiyaun (Nasal)
You were working	तिमीहरु काम गर्दै थियौ तपाईहरु काम गर्दै हुनु हुन्थ्यो	(Medium Respect) Timiharu kaam gardai thiyau (High Respect) Tapaaii haru kaam gardai hunu hunthyo
They were working	ऊनीहरु काम गर्दै थिए	Uniharu kaam gardai thiye

PAST PERFECT (पूर्ण भूत) PURNA BHOOT

ENGLISH	NEPALI	TRANSLITERATION
I had worked	मैले काम गरेको थिएँ	Maile kaam gareko thiyen (nasal)

You had worked	तैंले काम गरेको थिईस् तिमीले काम गरेको थियौ तपाईले काम गर्नु भएको थियो	(Low Respect) Taile (nasal) kaam gareko thiis (Medium Respect) Timile kaam gareko thiyau (High Respect) Tapaaii le kaam garnu bhaeko thiyo
He/She/It had worked	ऊसले काम गरेको थियो ऊनीले काम गरेकी थिइन् त्यसले काम गरेको थियो	Usle kaam gareko thiyo Unile kaam gareki thiin Tyasle kaam gareko thiyo
We had worked	हामीले काम गरेका थियौं	Haamile kaam gareka thiyaun (nasal)
You had worked	तिमीहरुले काम गरेका थियौ तपाईहरुले काम गर्नु भएको थियो	(Medium Respect) Timiharule kaam gareko thiyau (High Respect) Tapaaiiharule kaam garnu bhaeko thiyo
They had worked	ऊनीहरुले काम गरेका थिए	Uniharule kaam gareka thiye

FUTURE TENSE (भबिष्य काल) BHABISHYA KAAL
SIMPLE FUTURE (सामान्य भबिष्य) SAAMANYA BHABISHYA

ENGLISH	NEPALI	TRANSLITERATION
I will work	म काम गर्ने छु	Ma kaam garne chhu
You will work	तँ काम गर्ने छस् तिमी काम गर्ने छौ तपाई काम गर्नु हुने छ	(Low Respect) Ta (Nasal) kaam garne chhas (Medium Respect) Timi kaam garne chhau (High Respect) Tapaaii kaam garnu hune chha
He/She/It will work	ऊ काम गर्ने छ ऊनी काम गर्ने छिन् त्यसले काम गर्ने छ	U kaam garne chha Uni kaam garne chhin Tyasle kaam garne chha
We will work	हामी काम गर्ने छौं	Haami kaam garne chhaun *(Nasal)*
You will work	तिमीहरु काम गर्ने छौ तपाईहरु काम गर्नु हुने छ	(Medium Respect) Timiharukaam garne chhau (High Respect) Tapaaii haru kaam garnu hune chha
They will work	ऊनीहरु काम गर्ने छन्	Uniharu kaam garne chhan

FUTURE CONTINUOUS (अपूर्ण भबिष्य) APURNA BHABISHYA

ENGLISH	NEPALI	TRANSLITERATION
I will be working	म काम गर्दै हुने छु	Ma kaam gardai hune chhu
You will be working	तँ काम गर्दै हुने छस् तिमी काम गर्दै हुने छौ तपाई काम गर्दै हुनु हुने छ	(Low Respect) Ta (Nasal) kaam gardai hune chhas (Medium Respect) Timi kaam gardai hune chhau (High Respect) Tapaaii kaam gardai hunu hune chha
He/She/It will be working	ऊ काम गर्दै हुने छ ऊनी काम गर्दै हुने छिन् त्यसले काम गर्दै हुने छ	U kaam gardai hune chha Uni kaam gardai hune chhin Tyasle kaam gardai hune chha
We will be working	हामी काम गर्दै हुने छौं	Haami kaam gardai hune chhaun (Nasal)
You will be working	तिमीहरु काम गर्दै हुने छौ तपाईहरु काम गर्दै हुनु हुने छ	(Medium Respect) Timiharu kaam gardai hune chhau (High Respect) Tapaiharu kaam gardai hunu hune chha
They will be working	ऊनीहरु काम गर्दै हुने छन्	Uniharu kaam gardai hune chhan

FUTURE PERFECT (पूर्ण भबिष्य) PURNA BHABISHYA

ENGLISH	NEPALI	TRANSLITERATION
I will have worked	मैले काम गरेको हुने छु	Maile kaam gareko hune chhu
You will have worked	तैंले काम गरेको हुने छस् तिमीले काम गरेको हुने छौ तपाईले काम गरेको हुनु हुने छ	(Low Respect) Taile (Nasal) kaam gareko hune chhas (Medium Respect) Timile kaam gareko hune chhau (High Respect) Tapaaii le kaam gareko hunu hune chha
He/She/It will have worked	ऊसले काम गरेको हुने छ ऊनीले काम गरेकी हुने छिन् त्यसले काम गरेको हुने छ	Usle kaam gareko hune chha Unile kaam gareki hune chhin Tyasle kaam gareko hune chha
We will have worked	हामीले काम गरेको हुने छौं	Haamile kaam gareko hune chhaun (Nasal)
You will have worked	तिमीहरुले काम गरेको हुने छौ तपाईहरुले काम गरेको हुनु हुने छ	Timiharule kaam gareko hune chhau (High Respect) Tapaaii harule kaam gareko hunu hune chha

| They will have worked | ऊनीहरुले काम गरेको हुने छन् | Uniharule kaam gareko hune chhan |

3. To Try – कोशिस/प्रयास गर्नु *(Koshis/Prayaas garnu)*

PRESENT TENSE (बर्तमान काल) BARTAMAAN KAAL
SIMPLE PRESENT (सामान्य बर्तमान) SAAMANYA BARTAMAAN

ENGLISH	NEPALI	TRANSLITERATION
I try	म कोशिस/प्रयास गर्छु	Ma koshis/prayaas garchhu
You try	तँ कोशिस/प्रयास गर्छस् तिमी कोशिस/प्रयास गर्छौ तपाई कोशिस/प्रयास गर्नु हुन्छ	(Low Respect) Ta (Nasal) koshis/prayaas garchhas (Medium Respect) Timi koshis/prayaas garchhau (High Respect) Tapaaii koshis/prayaas garnu hunchha
He/She/It tries	ऊ कोशिस/प्रयास गर्छ ऊनी कोशिस/प्रयास गर्छिन् त्यसले कोशिस/प्रयास गर्छ	U koshis/prayaas garchha Uni koshis/prayaas garchhin Tyasle koshis/prayaas garchha
We try	हामी कोशिस/प्रयास गर्छौं	Haami koshis/prayaas garchhaun (Nasal)
You try	तिमीहरु कोशिस/प्रयास गर्छौ तपाईहरु कोशिस/प्रयास गर्नु हुन्छ	(Medium Respect) Timiharu koshis/prayaas garchhau (High Respect) Tapaaiiharu koshis/prayaas garnu huncha
They try	ऊनीहरु कोशिस/प्रयास गर्छन्	Uniharu koshis/prayaas garchhan

PRESENT CONTINUOUS (अपूर्ण बर्तमान) APURNA BARTAMAAN

ENGLISH	NEPALI	TRANSLITERATION
I am trying	म कोशिस/प्रयास गर्दैछु	Ma koshis/prayaas gardai chhu
You are trying	तँ कोशिस/प्रयास गर्दै छस् तिमी कोशिस/प्रयास गर्दै छौ तपाई कोशिस/प्रयास गर्दै हुनु हुन्छ	(Low Respect) Ta (Nasal) koshis/prayaas gardai chhas (Medium Respect) Timi koshis/prayaas gardai chhau (High Respect) Tapaaii koshis/prayaas gardai hunu huncha
He/She/It is trying	ऊ कोशिस/प्रयास गर्दै छ ऊनी कोशिस/प्रयास गर्दै छिन् त्यसले कोशिस/प्रयास गर्दै छ	U koshis/prayaas gardai chha Uni koshis/prayaas gardai chhin Tyasle koshis/prayaas gardai chha

We are trying	हामी कोशिस/प्रयास गर्दै छौं	Haami koshis/prayaas gardai chhaun (Nasal)
You are trying	तिमीहरु कोशिस/प्रयास गर्दै छौ तपाईहरु कोशिस/प्रयास गर्दै हुनु हुन्छ	(Medium Respect) Timiharu koshis/prayaas gardai chhau (High Respect) Tapaaiiharu koshis/prayaas gardai hunu huncha
They are trying	ऊनीहरु कोशिस/प्रयास गर्दै छन्	Uniharu koshis/prayaas gardai chhan

PRESENT PERFECT (पूर्ण बर्तमान) PURNA BARTAMAAN

ENGLISH	NEPALI	TRANSLITERATION
I have tried	मैले कोशिस/प्रयास गरेको छु	Maile koshis/prayaas gareko chhu
You have tried	तैंले कोशिस/प्रयास गरेको छस् तिमीले कोशिस/प्रयास गरेको छौ तपाईले कोशिस/प्रयास गर्नु भएको छ	(Low Respect) Taile (Nasal) koshis/prayaas gareko chhas (Medium Respect) Timile koshis/prayaas gareko chhau (High Respect) Tapaile koshis/prayaas garnu bhaeko cha
He/She/It has tried	ऊसले कोशिस/प्रयास गरेको छ ऊनीले कोशिस/प्रयास गरेकी छिन् त्यसले कोशिस/प्रयास गरेको छ	Usle koshis/prayaas gareko chha Unile koshis/prayaas gareki chhin Tyasle koshis/prayaas gareko chha
We have tried	हामीले कोशिस/प्रयास गरेका छौं	Haamile koshis/prayaas gareka chhaun (Nasal)
You have tried	तिमीहरुले कोशिस/प्रयास गरेका छौ तपाईहरुले कोशिस/प्रयास गर्नु भएको छ	(Medium Respect) Timiharule koshis/prayaas gareka chhau (High Respect) Tapaaii harule koshis/prayaas garnu bhaeko chha
They have tried	ऊनीहरुले कोशिस/प्रयास गरेका छन्	Uniharule koshis/prayaas gareka chhan

PAST TENSE (भूत काल) BHOOT KAAL
SIMPLE PAST (सामान्य भूत) SAAMANYA BHOOT

ENGLISH	NEPALI	TRANSLITERATION
I tried	मैले कोशिस/प्रयास गरें	Maile koshis/prayaas garen (nasal)
You tried	तैंले कोशिस/प्रयास गरिस् तिमीले कोशिस/प्रयास गर्‍यौ तपाईले कोशिस/प्रयास गर्नु भयो	(Low Respect) Taile (Nasal) koshis/prayaas garis (Medium Respect) Timile koshis/prayaas garyau (High Respect) Tapaaiile koshis/prayaas garnu bhayo
He/She/It tried	ऊसले कोशिस/प्रयास गर्‍यो ऊनीले कोशिस/प्रयास गरिन् त्यसले कोशिस/प्रयास गर्‍यो	Usle koshis/prayaas garyo Unile koshis/prayaas garin Tyasle koshis/prayaas garyo
We tried	हामीले कोशिस/प्रयास गर्‍यौं	Haamile koshis/prayaas garyaun (nasal)
You tried	तिमीहरुले कोशिस/प्रयास गर्‍यौ तपाईहरुले कोशिस/प्रयास गर्नु भयो	(Medium Respect) Timiharule koshis/prayaas garyau (High Respect) Tapaiharule koshis/prayaas garnu bhayo
They tried	ऊनीहरुले कोशिस/प्रयास गरे	Uniharule koshis/prayaas gare

PAST CONTINUOUS (अपूर्ण भूत) APURNA BHOOT

ENGLISH	NEPALI	TRANSLITERATION
I was trying	म कोशिस/प्रयास गर्दै थिएँ	Ma koshis/prayaas gardai thiyen
You were trying	तँ कोशिस/प्रयास गर्दै थिईस् तिमी कोशिस/प्रयास गर्दै थियौ तपाई कोशिस/प्रयास गर्दै हुनु हुन्थ्यो	(Low Respect) Ta (Nasal) koshis/prayaas gardai thiis (Medium Respect) Timi koshis/prayaas gardai thiyau (High Respect) Tapaaii koshis/prayaas gardai hunu hunthyo
He/She/It was trying	ऊ कोशिस/प्रयास गर्दै थियो ऊनी कोशिस/प्रयास गर्दै थिईन् त्यसले कोशिस/प्रयास गर्दै थियो	U koshis/prayaas gardai thiyo Uni koshis/prayaas gardai thiin Tyasle koshis/prayaas gardai thiyo
We were trying	हामी कोशिस/प्रयास गर्दै थियौं	Haami koshis/prayaas gardai thiyaun (nasal)

You were trying	तिमीहरु कोशिस/प्रयास गर्दै थियौ तपाईहरु कोशिस/प्रयास गर्दै हुनु हुन्थ्यो	(Medium Respect) Timiharu koshis/prayaas gardai thiyau (High Respect) Tapaaii haru koshis/prayaas gardai hunu hunthyo
They were trying	ऊनीहरु कोशिस/प्रयास गर्दै थिए	Uniharu koshis/prayaas gardai thiye

PAST PERFECT (पूर्ण भूत) PURNA BHOOT

ENGLISH	NEPALI	TRANSLITERATION
I had tried	मैले कोशिस/प्रयास गरेको थिएँ	Maile koshis/prayaas gareko thiyen (nasal)
You had tried	तैंले कोशिस/प्रयास गरेको थिईस् तिमीले कोशिस/प्रयास गरेको थियौ तपाईले कोशिस/प्रयास गर्नु भएको थियो	(Low Respect) Taile (nasal) koshis/prayaas gareko thiis (Medium Respect) Timile koshis/prayaas gareko thiyau (High Respect) Tapaaii le koshis/prayaas garnu bhaeko thiyo
He/She/It had tried	ऊसले कोशिस/प्रयास गरेको थियो ऊनीले कोशिस/प्रयास गरेकी थिइन् त्यसले कोशिस/प्रयास गरेको थियो	Usle koshis/prayaas gareko thiyo Unile koshis/prayaas gareki thiin Tyasle koshis/prayaas gareko thiyo
We had tried	हामीले कोशिस/प्रयास गरेका थियौं	Haamile koshis/prayaas gareka thiyaun (nasal)
You had tried	तिमीहरुले कोशिस/प्रयास गरेका थियौ तपाईहरुले कोशिस/प्रयास गर्नु भएको थियो	(Medium Respect) Timiharule koshis/prayaas gareko thiyau (High Respect) Tapaaiiharule koshis/prayaas garnu bhaeko thiyo
They had tried	ऊनीहरुले कोशिस/प्रयास गरेका थिए	Uniharule koshis/prayaas gareka thiye

FUTURE TENSE (भबिष्य काल) BHABISHYA KAAL
SIMPLE FUTURE (सामान्य भबिष्य) SAAMANYA BHABISHYA

ENGLISH	NEPALI	TRANSLITERATION
I will try	म कोशिस/प्रयास गर्ने छु	Ma koshis/prayaas garne chhu
You will try	तँ कोशिस/प्रयास गर्ने छस् तिमी कोशिस/प्रयास गर्ने छौ तपाईं कोशिस/प्रयास गर्नु हुने छ	(Low Respect) Ta (Nasal) koshis/prayaas garne chhas (Medium Respect) Timi koshis/prayaas garne chhau (High Respect) Tapaaii koshis/prayaas garnu hune chha
He/She/It will try	ऊ कोशिस/प्रयास गर्ने छ ऊनी कोशिस/प्रयास गर्ने छिन् त्यसले कोशिस/प्रयास गर्ने छ	U koshis/prayaas garne chha Uni koshis/prayaas garne chhin Tyasle koshis/prayaas garne chha
We will try	हामी कोशिस/प्रयास गर्ने छौं	Haami koshis/prayaas garne chhaun *(Nasal)*
You will try	तिमीहरु कोशिस/प्रयास गर्ने छौ तपाईंहरु कोशिस/प्रयास गर्नु हुने छ	(Medium Respect) Timiharukoshis/prayaas garne chhau (High Respect) Tapaaii haru koshis/prayaas garnu hune chha
They will try	ऊनीहरु कोशिस/प्रयास गर्ने छन्	Uniharu koshis/prayaas garne chhan

FUTURE CONTINUOUS (अपूर्ण भबिष्य) APURNA BHABISHYA

ENGLISH	NEPALI	TRANSLITERATION
I will be trying	म कोशिस/प्रयास गर्दै हुने छु	Ma koshis/prayaas gardai hune chhu
You will be trying	तँ कोशिस/प्रयास गर्दै हुने छस् तिमी कोशिस/प्रयास गर्दै हुने छौ तपाईं कोशिस/प्रयास गर्दै हुनु हुने छ	(Low Respect) Ta (Nasal) koshis/prayaas gardai hune chhas (Medium Respect) Timi koshis/prayaas gardai hune chhau (High Respect) Tapaaii koshis/prayaas gardai hunu hune chha
He/She/It will be trying	ऊ कोशिस/प्रयास गर्दै हुने छ ऊनी कोशिस/प्रयास गर्दै हुने छिन् त्यसले कोशिस/प्रयास गर्दै हुने छ	U koshis/prayaas gardai hune chha Uni koshis/prayaas gardai hune chhin Tyasle koshis/prayaas gardai hune chha

We will be trying	हामी कोशिस/प्रयास गर्दै हुने छौं	Haami koshis/prayaas gardai hune chhaun (Nasal)
You will be trying	तिमीहरु कोशिस/प्रयास गर्दै हुने छौ तपाईहरु कोशिस/प्रयास गर्दै हुनु हुने छ	(Medium Respect) Timiharu koshis/prayaas gardai hune chhau (High Respect) Tapaiharu koshis/prayaas gardai hunu hune chha
They will be trying	ऊनीहरु कोशिस/प्रयास गर्दै हुने छन्	Uniharu koshis/prayaas gardai hune chhan

FUTURE PERFECT (पूर्ण भबिष्य) PURNA BHABISHYA

ENGLISH	NEPALI	TRANSLITERATION
I will have tried	मैले कोशिस/प्रयास गरेको हुने छु	Maile koshis/prayaas gareko hune chhu
You will have tried	तैंले कोशिस/प्रयास गरेको हुने छस् तिमीले कोशिस/प्रयास गरेको हुने छौ तपाईले कोशिस/प्रयास गरेको हुनु हुने छ	(Low Respect) Taile (Nasal) koshis/prayaas gareko hune chhas (Medium Respect) Timile koshis/prayaas gareko hune chhau (High Respect) Tapaaii le koshis/prayaas gareko hunu hune chha
He/She/It will have tried	ऊसले कोशिस/प्रयास गरेको हुने छ ऊनीले कोशिस/प्रयास गरेकी हुने छिन् त्यसले कोशिस/प्रयास गरेको हुने छ	Usle koshis/prayaas gareko hune chha Unile koshis/prayaas gareki hune chhin Tyasle koshis/prayaas gareko hune chha
We will have tried	हामीले कोशिस/प्रयास गरेको हुने छौं	Haamile koshis/prayaas gareko hune chhaun (Nasal)
You will have tried	तिमीहरुले कोशिस/प्रयास गरेको हुने छौ तपाईहरुले कोशिस/प्रयास गरेको हुनु हुने छ	Timiharule koshis/prayaas gareko hune chhau (High Respect) Tapaaii harule koshis/prayaas gareko hunu hune chha
They will have tried	ऊनीहरुले कोशिस/प्रयास गरेको हुने छन्	Uniharule koshis/prayaas gareko hune chhan

4. To Buy - किन्नु (Kinnu)

PRESENT TENSE (बर्तमान काल) BARTAMAAN KAAL
SIMPLE PRESENT (सामान्य बर्तमान) SAAMANYA BARTAMAAN

ENGLISH	NEPALI	TRANSLITERATION
I buy	म किन्छु	Ma kinchhu
You buy	तँ किन्छस् तिमी किन्छौ तपाईं किन्नु हुन्छ	(Low Respect) Ta kinchhas (Medium Respect) Timi kinchhau (High Respect) Tapai kinnu huncha
He/She/It buys	उ किन्छ उनी किन्छिन् त्यसले किन्छ	U kinchha Uni kinchhin Tyasle kinchha
We buy	हामी किन्छौं	Haami kinchhaun
You buy	तिमीहरु किन्छौ तपाईंहरु किन्नु हुन्छ	(Medium Respect) Timiharu kinchhau (High Respect) Tapaiharu kinnu huncha
They buy	उनीहरु किन्छन्	Uniharu kinchhan

PRESENT CONTINUOUS (अपूर्ण बर्तमान) APURNA BARTAMAAN

ENGLISH	NEPALI	TRANSLITERATION
I am buying	म किन्दै छु	Ma kindai chhu
You are buying	तँ किन्दै छस्	(Low Respect) Ta kindai chhas
	तिमी किन्दै छौ	(Medium Respect) Timi kindai chhau
	तपाईं किन्दै हुनु हुन्छ	(High Respect) Tapai kindai hunu huncha
He/She/It is buying	उ किन्दै छ उनी किन्दै छिन् त्यसले किन्दै छ	U kindai chha Uni kindai chhin Tyasle kindai chha
We are buying	हामी किन्दै छौं	Haami kindai chhaun

You are buying	तिमीहरु किन्दै छौ तपाईहरु किन्दै हुनु हुन्छ	(Medium Respect) Timiharu kindai chhau (High Respect) Tapaiharu kindai hunu huncha
They are buying	उनीहरु किन्दै छन्	Uniharu kindai chhan

PRESENT PERFECT (पूर्ण बर्तमान) PURNA BARTAMAAN

ENGLISH	NEPALI	TRANSLITERATION
I have bought	मैले किनेको छु	Maile kineko chhu
You have bought	तैंले किनेको छस् तिमीले किनेका छौ तपाईले किन्नु भएको छ	(Low Respect) Taile kineko chhas (Medium Respect) Timile kineka chhau (High Respect) Tapaile kinnu bhaeko cha
He/She/It has bought	उसले किनेको छ उनीले किनेकी छिन् त्यसले किनेको छ	Usle kineko chha Unile kineki chhin Tyasle kineko chha
We have bought	हामीले किनेका छौं	Haamile kineka chhaun
You have bought	तिमीहरुले किनेका छौ तपाईहरुले किन्नु भएको छ	(Medium Respect) Timiharule kineka chhau (High Respect) Tapai harule kinnu bhaeko chha
They have bought	उनीहरुले किनेका छन्	Uniharule kineka chhan

PAST TENSE (भूत काल) BHOOT KAAL
SIMPLE PAST (सामान्य भूत) SAAMANYA BHOOT

ENGLISH	NEPALI	TRANSLITERATION
I bought	मैले किनें	Maile kinen
You bought	तैंले किनिस् तिमीले किन्यौ तपाईले किन्नु भयो	(Low Respect) Taile kinis (Medium Respect) Timile kinyau (High Respect) Tapaile kinnu bhayo
He/She/It bought	उसले किन्यो उनीले किनिन् त्यसले किन्यो	Usle kinyo Unile kinin Tyasle kinyo
We bought	हामीले किन्यौं	Haamile kinyaun

You bought	तिमीहरुले किन्यौ तपाईहरुले किन्नु भयो	(Medium Respect) Timiharule kinyau (High Respect) Tapaiharule kinnu bhayo
They bought	उनीहरुले किने	Uniharule kine

PAST CONTINUOUS (अपूर्ण भूत) APURNA BHOOT

ENGLISH	NEPALI	TRANSLITERATION
I was buying	म किन्दै थिएँ	Ma kindai thiyen
You Were buying	तँ किन्दै थिईस् तिमी किन्दै थियौ तपाई किन्दै हुनु हुन्थ्यो	(Low Respect) Ta kindai thiis (Medium Respect) Timi kindai thiyau (High Respect) Tapai kindai hunu hunthyo
He/She/It was buying	उ किन्दै थियो उनी किन्दै थिईन् त्यो किन्दै थियो	U kindai thiyo Uni kindai thiin Tyo kindai thiyo
We Were buying	हामी किन्दै थियौं	Haami kindai thiyaun
You Were buying	तिमीहरु किन्दै थियौ तपाईहरु किन्दै हुनु हुन्थ्यो	(Medium Respect) Timiharu kindai thiyau (High Respect) Tapai haru kindai hunu hunthyo
They Were buying	उनीहरु किन्दै थिए	Uniharu kindai thiye

PAST PERFECT (पूर्ण भूत) PURNA BHOOT

ENGLISH	NEPALI	TRANSLITERATION
I had bought	मैले किनेको थिएँ	Maile kineko thiyen
You had bought	तैंले किनेको थिईस् तिमीले किनेको थियौ तपाईले किन्नु भएको थियो	(Low Respect) Taile kineko thiis (Medium Respect) Timile kineko thiyau (High Respect) Tapai le kinnu bhaeko thiyo
He/She/It had bought	उसले किनेको थियो उनीले किनेकी थिईन् त्यसले किनेको थियो	Usle kineko thiyo Unile kineki thiin Tyasle kineko thiyo
We had bought	हामीले किनेका थियौं	Haamile kineka thiyaun

You had bought	तिमीहरुले किनेका थियौ तपाईहरुले किन्नु भएको थियो	(Medium Respect) Timiharule kineko thiyau (High Respect) Tapaiharule kinnu bhaeko thiyo
They had bought	उनीहरुले किनेका थिए	Uniharule kineka thiye

FUTURE TENSE (भबिष्य काल) BHABISHYA KAAL
SIMPLE FUTURE (सामान्य भबिष्य) SAAMANYA BHABISHYA

ENGLISH	NEPALI	TRANSLITERATION
I will buy	म किन्ने छु	Ma kinne chhu
You will buy	तँ किन्ने छस् तिमी किन्ने छौ तपाई किन्नु हुने छ	(Low Respect) Ta (nasal) kinne chhas (Medium Respect) Timi kinne chhau (High Respect) Tapai kinnu hune chha
He/She/It will buy	उ किन्ने छ उनी किन्ने छिन् त्यसले किन्ने छ	U kinne chha Uni kinne chhin Tyasle kinne chha
We will buy	हामी किन्ने छौं	Haami kinne chhaun
You will buy	तिमीहरु किन्ने छौ तपाईहरु किन्नु हुने छ	(Medium Respect) Timiharukinne chhau (High Respect) Tapai haru kinnu hune chha
They will buy	उनीहरु किन्ने छन्	Uniharu kinne chhan

FUTURE CONTINUOUS (अपूर्ण भबिष्य) APURNA BHABISHYA

ENGLISH	NEPALI	TRANSLITERATION
I will be buying	म किन्दै हुने छु	Ma kindai hune chhu
You will be buying	तँ किन्दै हुने छस् तिमी किन्दै हुने छौ तपाई किन्दै हुनु हुने छ	(Low Respect) Ta kindai hune chhas (Medium Respect) Timi kindai hune chhau (High Respect) Tapai kindai hunu hune chha
He/She/It will be buying	उ किन्दै हुने छ उनी किन्दै हुने छिन् त्यो किन्दै हुने छ	U kindai hune chha Uni kindai hune chhin Tyo kindai hune chha

We will be buying	हामी किन्दै हुने छौं	Haami kindai hune chhaun
You will be buying	तिमीहरु किन्दै हुने छौ तपाईहरु किन्दै हुनु हुने छ	(Medium Respect) Timiharu kindai hune chhau (High Respect) Tapaiharu kindai hunu hune chha
They will be buying	उनीहरु किन्दै हुने छन्	Uniharu kindai hune chhan

FUTURE PERFECT (पूर्ण भबिष्य) PURNA BHABISHYA

ENGLISH	NEPALI	TRANSLITERATION
I will have bought	मैले किनेको हुने छु	Maile kineko hune chhu
You will have bought	तैंले किनेको हुने छस् तिमीले किनेको हुने छौ तपाईले किनेको हुनु हुने छ	(Low Respect) Taile (nasal) kineko hune chhas (Medium Respect) Timile kineko hune chhau (High Respect) Tapai le kineko hunu hune chha
He/She/It will have bought	उसले किनेको हुने छ उनीले किनेकी हुने छिन् त्यसले किनेको हुने छ	Usle kineko hune chha Unile kineki hune chhin Tyasle kineko hune chha
We will have bought	हामीले किनेको हुने छौं	Haami le kineko hune chhaun
You will have bought	तिमीहरुले किनेको हुने छौ तपाईहरुले किनेको हुनु हुने छ	Timiharule kineko hune chhau (High Respect) Tapai harule kineko hunu hunch chhau
They will have bought	उनीहरुले किनेको हुने छन्	Uniharule kineko hune chhan

5. To Find – खोज्नु (Khojnu)

PRESENT TENSE (बर्तमान काल) BARTAMAAN KAAL
SIMPLE PRESENT (सामान्य बर्तमान) SAAMANYA BARTAMAAN

ENGLISH	NEPALI	TRANSLITERATION
I find	म खोज्छु	Ma khojchhu
You find	तैंले खोज्छस् तिमी खोज्छौ तपाई खोज्नु हुन्छ	(Low Respect) Taile (Nasal) khojchhas (Medium Respect) Timi khojchhau (High Respect) Tapaaii khojnu hunchha
He/She/It finds	ऊसले खोज्छ ऊनी खोज्छिन् त्यसले खोज्छ	Usle khojchha Uni khojchhin Tyasle khojchha
We find	हामी खोज्छौं	Haami khojchhaun (Nasal)
You find	तिमीहरू खोज्छौ तपाईहरू खोज्नु हुन्छ	(Medium Respect) Timiharu Khojchhau (High Respect) Tapaaiiharu khojnu huncha
They find	ऊनीहरु खोज्छन्	Uniharu khojchhan

PRESENT CONTINUOUS (अपूर्ण बर्तमान) APURNA BARTAMAAN

ENGLISH	NEPALI	TRANSLITERATION
I am finding	म खोज्दै छु	Ma khojdai chhu
You are finding	तैंले खोज्दै छस् तिमी खोज्दै छौ तपाई खोज्दै हुनु हुन्छ	(Low Respect) Taile (Nasal) khojdai chhas (Medium Respect) Timi khojdai chhau (High Respect) Tapaaii khojdai hunu huncha
He/She/It is finding	ऊसले खोज्दै छ ऊनी खोज्दै छिन् त्यसले खोज्दै छ	Usle khojdai chha Uni khojdai chhin Tyasle khojdai chha
We are finding	हामी खोज्दै छौं	Haami khojdai chhaun (Nasal)

You are finding	तिमीहरु खोज्दै छौ तपाईहरु खोज्दै हुनु हुन्छ	(Medium Respect) Timiharu khojdai chhau (High Respect) Tapaaiiharu khojdai hunu huncha
They are finding	ऊनीहरु खोज्दै छन्	Uniharu khojdai chhan

PRESENT PERFECT (पूर्ण बर्तमान) PURNA BARTAMAAN

ENGLISH	NEPALI	TRANSLITERATION
I have found	मैले खोजेको छु	Maile Khojeko chhu
You have found	तैंले खोजेको छस् तिमीले खोजेको छौ तपाईले खोज्नु भएको छ	(Low Respect) Taile (Nasal) Khojeko chhas (Medium Respect) Timile Khojeka chhau (High Respect) Tapaile khojnu bhaeko cha
He/She/It has found	ऊसले खोजेको छ ऊनीले खोजेकी छिन् त्यसले खोजेको छ	Usle Khojeko chha Unile Khojeki chhin Tyasle Khojeko chha
We have found	हामीले खोजेका छौं	Haamile Khojeka chhaun (Nasal)
You have found	तिमीहरुले खोजेका छौ तपाईहरुले खोज्नु भएको छ	(Medium Respect) Timiharule Khojeka chhau (High Respect) Tapaaii harule khojnu bhaeko chha
They have found	ऊनीहरुले खोजेका छन्	Uniharule Khojeka chhan

PAST TENSE (भूत काल) BHOOT KAAL
SIMPLE PAST (सामान्य भूत) SAAMANYA BHOOT

ENGLISH	NEPALI	TRANSLITERATION
I found	मैले खोजें	Maile Khojen (nasal)
You found	तैंले खोजिस् तिमीले खोज्यौ तपाईले खोज्नु भयो	(Low Respect) Taile (Nasal) Khojis (Medium Respect) Timile Khojyau (High Respect) Tapaaiile khojnu bhayo
He/She/It found	ऊसले खोज्यो ऊनीले खोजिन् त्यसले खोज्यो	Usle Khojyo Unile Khojin Tyasle Khojyo
We found	हामीले खोज्यौं	Haamile Khojyaun (nasal)

You found	तिमीहरुले खोज्यौ तपाईहरुले खोज्नु भयो	(Medium Respect) Timiharule Khojyau (High Respect) Tapaiharule khojnu bhayo
They found	ऊनीहरुले खोजे	Uniharule Khoje

PAST CONTINUOUS (अपूर्ण भूत) APURNA BHOOT

ENGLISH	NEPALI	TRANSLITERATION
I was finding	म खोज्दै थिएँ	Ma khojdai thiyen (nasal)
You were finding	तैंले खोज्दै थिईस् तिमी खोज्दै थियौ तपाई खोज्दै हुनु हुन्थ्यो	(Low Respect) Taile (Nasal) khojdai thiis (Medium Respect) Timi khojdai thiyau (High Respect) Tapaaii khojdai hunu hunthyo
He/She/It was finding	ऊसले खोज्दै थियो ऊनी खोज्दै थिईन् त्यसले खोज्दै थियो	Usle khojdai thiyo Uni khojdai thiin Tyasle khojdai thiyo
We were finding	हामी खोज्दै थियौं	Haami khojdai thiyaun
You were finding	तिमीहरु खोज्दै थियौ तपाईहरु खोज्दै हुनु हुन्थ्यो	(Medium Respect) Timiharu khojdai thiyau (High Respect) Tapaaii haru khojdai hunu hunthyo
They were finding	ऊनीहरु खोज्दै थिए	Uniharu khojdai thiye

PAST PERFECT (पूर्ण भूत) PURNA BHOOT

ENGLISH	NEPALI	TRANSLITERATION
I had found	मैले खोजेको थिएँ	Maile Khojeko thiyen
You had found	तैंले खोजेको थिईस् तिमीले खोजेको थियौ तपाईले खोज्नु भएको थियो	(Low Respect) Taile (nasal) Khojeko thiis (Medium Respect) Timile Khojeko thiyau (High Respect) Tapaaii le khojnu bhaeko thiyo
He/She/It had found	ऊसले खोजेको थियो ऊनीले खोजेकी थिईन् त्यसले खोजेको थियो	Usle Khojeko thiyo Unile Khojeki thiin Tyasle Khojeko thiyo
We had found	हामीले खोजेका थियौं	Haamile Khojeka thiyaun (nasal)

You had found	तिमीहरुले खोजेका थियौ तपाईहरुले खोज्नु भएको थियो	(Medium Respect) Timiharule Khojeka thiyau (High Respect) Tapaaiiharule khojnu bhaeko thiyo
They had found	ऊनीहरुले खोजेका थिए	Uniharule Khojeka thiye

FUTURE TENSE (भविष्य काल) BHABISHYA KAAL
SIMPLE FUTURE (सामान्य भविष्य) SAAMANYA BHABISHYA

ENGLISH	NEPALI	TRANSLITERATION
I will find	म खोज्ने छु	Ma khojne chhu
You will find	तैंले खोज्ने छस् तिमीले खोज्ने छौ तपाईले खोज्नु हुने छ	(Low Respect) Taile (Nasal) khojne chhas (Medium Respect) Timile khojne chhau (High Respect) Tapaaiile khojnu hune chha
He/She/It will find	ऊसले खोज्ने छ ऊनीले खोज्ने छिन् त्यसले खोज्ने छ	Usle khojne chha Unile khojne chhin Tyasle khojne chha
We will find	हामीले खोज्ने छौं	Haamile khojne chhaun *(Nasal)*
You will find	तिमीहरुले खोज्ने छौ तपाईहरुले खोज्नु हुने छ	(Medium Respect) Timiharule khojne chhau (High Respect) Tapaaii harule khojnu hune chha
They will find	ऊनीहरुले खोज्ने छन्	Uniharule khojne chhan

FUTURE CONTINUOUS (अपूर्ण भविष्य) APURNA BHABISHYA

ENGLISH	NEPALI	TRANSLITERATION
I will be finding	म खोज्दै हुने छु	Ma khojdai hune chhu
You will be finding	तैंले खोज्दै हुने छस् तिमी खोज्दै हुने छौ तपाई खोज्दै हुनु हुने छ	(Low Respect) Taile (Nasal) khojdai hune chhas (Medium Respect) Timi khojdai hune chhau (High Respect) Tapaaii khojdai hunu hune chha
He/She/It will be finding	ऊ खोज्दै हुने छ ऊनी खोज्दै हुने छिन् त्यसले खोज्दै हुने छ	U khojdai hune chha Uni khojdai hune chhin Tyasle khojdai hune chha

English	Nepali	Transliteration
We will be finding	हामी खोज्दै हुने छौं	Haami khojdai hune chhaun (Nasal)
You will be finding	तिमीहरु खोज्दै हुने छौ तपाईहरु खोज्दै हुनु हुने छ	(Medium Respect) Timiharu khojdai hune chhau (High Respect) Tapaiharu khojdai hunu hune chha
They will be finding	ऊनीहरु खोज्दै हुने छन्	Uniharu khojdai hune chhan

FUTURE PERFECT (पूर्ण भबिष्य) PURNA BHABISHYA

ENGLISH	NEPALI	TRANSLITERATION
I will have found	मैले खोजेको हुने छु	Maile khojeko hune chhu
You will have found	तैंले खोजेको हुने छस् तिमीले खोजेको हुने छौ तपाईले खोजेको हुनु हुने छ	(Low Respect) Taile (Nasal) khojeko hune chhas (Medium Respect) Timile khojeko hune chhau (High Respect) Tapaaii le khojeko hunu hune chha
He/She/It will have found	ऊसले खोजेको हुने छ ऊनीले खोजेकी हुने छिन् त्यसले खोजेको हुने छ	Usle khojeko hune chha Unile khojeki hune chhin Tyasle khojeko hune chha
We will have found	हामीले खोजेका हुने छौं	Haami le khojeka hune chhaun (Nasal)
You will have found	तिमीहरुले खोजेका हुने छौ तपाईहरुले खोजेका हुनु हुने छ	Timiharule khojeka hune chhau (High Respect) Tapaaii harule khojeka hunu hune chha
They will have found	ऊनीहरुले खोजेका हुने छन्	Uniharule khojeka hune chhan

6. To Do - गर्नु (Garnu)

PRESENT TENSE (बर्तमान काल) BARTAMAAN KAAL
SIMPLE PRESENT (सामान्य बर्तमान) SAAMANYA BARTAMAAN

ENGLISH	NEPALI	TRANSLITERATION
I do	म गर्छु	Ma garchhu
You do	तँ गर्छस् तिमी गर्छौ तपाई गर्नु हुन्छ	(Low respect) Ta *(nasal)* garchhas (Medium Respect) Timi garchhau (High Respect) Tapaaii garnu huncha
He/She/It does	ऊ गर्छ उनी गर्छिन् त्यो गर्छ	U garchha Uni garchhin Tyo garchha
We do	हामी गर्छौं	Haami garchhaun *(nasal)*
You do	तिमीहरु गर्छौ तपाईहरु गर्नु हुन्छ	Timiharu garchhau Tapaaiiharu garnu huncha
They do	उनीहरु गर्छन्	Uniharu garchhan

PRESENT CONTINUOUS (अपूर्ण बर्तमान) APURNA BARTAMAAN

ENGLISH	NEPALI	TRANSLITERATION
I am doing	म गर्दै छु	Ma gardai chhu
You are doing	तँ गर्दै छस् तिमी गर्दै छौ तपाई गर्दै हुनु हुन्छ	(Low respect) Ta *(nasal)* gardai chhas (Medium Respect) Timi gardai chhau (High Respect) Tapaaii gardai hunu huncha
He/She/It is doing	ऊ गर्दै छ उनी गर्दै छिन् त्यो गर्दै छ	U gardai chha Uni gardai chhin Tyo gardai chha
We are doing	हामी गर्दै छौं	Haami gardai chhaun *(nasal)*
You are doing	तिमीहरु गर्दै छौ तपाईहरु गर्दै हुनु हुन्छ	Timiharu gardai chhau Tapaaiiharu gardai hunu huncha

| They are doing | उनीहरु गर्दै छन् | Uniharu gardai chhan |

PRESENT PERFECT (पूर्ण बर्तमान) PURNA BARTAMAAN

ENGLISH	NEPALI	TRANSLITERATION
I have done	मैंले गरेको छु	Maile gareko chhu
You have done	तैंले गरेको छस् तिमीले गरेको छौ तपाईले गर्नु भएको छ	(Low respect) Taile *(nasal)* Gareko Chhas (Medium Respect) Timile gareko chhau (High Respect) Tapaaiile garnu bhaeko cha
He/She/It has done	ऊसले गरेको छ उनीले गरेकी छिन् त्यसले गरेको छ	Usle gareko chha Unile gareki chhin Tyasle gareko chha
We have done	हामीले गरेका छौं	Haamile gareka chhaun *(nasal)*
You have done	तिमीहरुले गरेका छौ तपाईहरुले गर्नु भएको छ	Timiharule gareka chhau Tapaaiiharule garnu bhaeko chha
They have done	उनीहरुले गरेका छन्	Uniharule gareka chhan

PAST TENSE (भूत काल) BHOOT KAAL
SIMPLE PAST (सामान्य भूत) SAAMANYA BHOOT

ENGLISH	NEPALI	TRANSLITERATION
I did	मैंले गरेँ	Maile garen *(nasal)*
You did	तैंले गरिस् तिमीले गर्यौ तपाईले गर्नु भयो	(Low respect) Taile *(nasal)* garis (Medium Respect) Timile garyau (High Respect) Tapaaiiharule garnu bhayo
He/She/It did	ऊसले गर्यो उनीले गरिन् त्यसले गर्यो	Usle garyo Unile garin Tyasle garyo
We did	हामीले गर्यौं	Haamile garyaun *(nasal)*
You did	तिमीहरुले गर्यौ तपाईहरुले गर्नु भयो	Timiharule garyau Tapaaiiharule garnu bhayo
They did	उनीहरुले गरे	Uniharule gare

PAST CONTINUOUS (अपूर्ण भूत) APURNA BHOOT

ENGLISH	NEPALI	TRANSLITERATION
I was doing	म गर्दै थिएँ	Ma gardai thiyen *(nasal)*
You were doing	तँ गर्दै थिईस् तिमी गर्दै थियौ तपाई गर्दै हुनु हुन्थ्यो	(Low respect) Ta *(nasal)* gardai thiis (Medium Respect) Timi gardai thiyau (High Respect) Tapaaii gardai hunu hunthyo
He/She/It was doing	ऊ गर्दै थियो उनी गर्दै थिईन् त्यसले गर्दै थियो	U gardai thiyo Uni gardai thiin Tyasle gardai thiyo
We were doing	हामी गर्दै थियौं	Haami gardai thiyaun *(nasal)*
You were doing	तिमीहरु गर्दै थियौ तपाईहरु गर्दै हुनु हुन्थ्यो	Timiharu gardai thiyau Tapaaiiharu gardai hunu hunthyo
They were doing	उनीहरु गर्दै थिए	Uniharu gardai thiye

PAST PERFECT (पूर्ण भूत) PURNA BHOOT

ENGLISH	NEPALI	TRANSLITERATION
I had done	मैले गरेको थिएँ	Maile Gareko thiyen *(nasal)*
You had done	तैंले गरेको थिईस् तिमीले गरेको थियौ तपाईले गर्नु भएको थियो	(Low respect) Taile *(nasal)* gareko thiis (Medium Respect) Timile gareko thiyau (High Respect) Tapaaiile garnu bhaeko thiyo
He/She/It had done	ऊसले गरेको थियो उनीले गरेकी थिईन् त्यसले गरेको थियो	Usle gareko thiyo Unile gareki thiin Tyasle gareko thiyo
We had done	हामीले गरेका थियौं	Haamile gareka thiyaun *(nasal)*
You had done	तिमीहरुले गरेका थियौ तपाईहरुले गर्नु भएको थियो	Timiharule gareka thiyau Tapaaii harule garnu bhaeko thiyo
They had done	उनीहरुले गरेका थिए	Uniharule gareka thiye

FUTURE TENSE (भबिष्य काल) BHABISHYA KAAL
SIMPLE FUTURE (सामान्य भबिष्य) SAAMANYA BHABISHYA

ENGLISH	NEPALI	TRANSLITERATION
I will do	म गर्ने छु	Ma garne chhu
You will do	तँ गर्ने छस् तिमी गर्ने छौ तपाई गर्नु हुने छ	(Low respect) Ta (nasal) garne chhas (Medium Respect) Timi garne chhau (High Respect) Tapaaii garnu hune cha
He/She/It will do	ऊ गर्ने छ उनी गर्ने छिन् त्यसले गर्ने छ	U garne cha Uni garne chhin Tyasle garne chah
We will do	हामी गर्ने छौं	Haami garne chhaun (nasal)
You will do	तिमीहरु गर्ने छौ तपाईहरु गर्नु हुने छ	Timiharu garne chhau Tapaaiiharu garnu hune cha
They will do	उनीहरु गर्ने छन्	Uniharu garne chhan

FUTURE CONTINUOUS (अपूर्ण भबिष्य) APURNA BHABISHYA

ENGLISH	NEPALI	TRANSLITERATION
I will be doing	म गर्दै हुने छु	Ma gardai hune chhu
You will be doing	तँ गर्दै हुने छस् तिमी गर्दै हुने छौ तपाई गर्दै हुनु हुने छ	(Low respect) Ta (nasal) gardai hune chhas (Medium Respect) Timi gardai hune chhau (High Respect) Tapaaii gardai hunu hune chha
He/She/It will be doing	ऊ गर्दै हुने छ उनी गर्दै हुने छिन् त्यसले गर्दै हुने छ	U gardai hune chha Uni gardai hune chhin Tyasle gardai hune chha
We will be doing	हामी गर्दै हुने छौं	Haami gardai hune chhaun (nasal)
You will be doing	तिमीहरु गर्दै हुने छौ तपाईहरु गर्दै हुनु हुने छ	Timiharu gardai hune chhau Tapaaiiharu gardai hunu hune chha
They will be doing	उनीहरु गर्दै हुने छन्	Uniharu gardai hune chhan

FUTURE PERFECT (पूर्ण भबिष्य) PURNA BHABISHYA

ENGLISH	NEPALI	TRANSLITERATION
I will have done	मैले गरेको हुने छु	Maile gareko hune chhu
You will have done	तैंले गरेको हुने छस् तिमीले गरेको हुने छौ तपाईले गरेको हुनु हुने छ	(Low respect) Taile *(nasal)* gareko hune chhas (Medium Respect) Timile gareko hune chhau (High Respect) Tapaaiile gareko hunu hune cha
He/She/It will have done	ऊसले गरेको हुने छ उनीले गरेकी हुने छिन् त्यसले गरेको हुने छ	Usle gareko hune cha Unile gareki hune chhin Tyasle gareko hune cha
We will have done	हामीले गरेका हुने छौं	Haamile gareka hune chhaun *(nasal)*
You will have done	तिमीहरुले गरेका हुने छौ तपाईहरुले गरेका हुनु हुने छ	Timiharule gareka hune chhau Tapaaiiharu gareka hunu hune cha
They will have done	उनीहरुले गरेका हुने छन्	Uniharule gareka hune chhan

7. To Want – चाहनु (Chahanu)

PRESENT TENSE (बर्तमान काल) BARTAMAAN KAAL
SIMPLE PRESENT (सामान्य बर्तमान) SAAMANYA BARTAMAAN

ENGLISH	NEPALI	TRANSLITERATION
I want	म चाहन्छु	Ma chahanchhu
You want	तँ चाहन्छस् तिमी चाहन्छौ तपाई चाहनु हुन्छ	(Low Respect) Ta *(Nasal)* chahanchhas (Medium Respect) Timi chahanchhau (High Respect) Tapaaii chahanu huncha
He/She/It wants	ऊ चाहन्छ ऊनी चाहन्छिन् त्यसले चाहन्छ	U chahanchha Uni chahanchhin Tyasle chahanchha
We want	हामी चाहन्छौं	Haami chahanchhaun *(Nasal)*
You want	तिमीहरु चाहन्छौ तपाईहरु चाहनु हुन्छ	(Medium Respect) Timiharu chahanchhau (High Respect) Tapaaiiharu chahanu huncha
They want	ऊनीहरु चाहन्छन्	Uniharu chahanchhan

PRESENT CONTINUOUS (अपूर्ण बर्तमान) APURNA BARTAMAAN

ENGLISH	NEPALI	TRANSLITERATION
I am wanting	म चाहँदै छु	Ma chahandai chhu
You are wanting	तँ चाहँदै छस् तिमी चाहँदै छौ तपाई चाहँदै हुनु हुन्छ	(Low Respect) Ta *(Nasal)* chahandai chhas (Medium Respect) Timi chahandai chhau (High Respect) Tapaaii chahandai hunu huncha
He/She/It is wanting	ऊ चाहँदै छ ऊनी चाहँदै छिन् त्यसले चाहँदै छ	U chahandai chha Uni chahandai chhin Tyasle chahandai chha
We are wanting	हामी चाहँदै छौं	Haami chahandai chhaun *(Nasal)*

You are wanting	तिमीहरु चाहँदै छौ तपाईहरु चाहँदै हुनु हुन्छ	(Medium Respect) Timiharu chahandai chhau (High Respect) Tapaaiiharu chahandai hunu huncha
They are wanting	ऊनीहरु चाहँदै छन्	Uniharu chahandai chhan

PRESENT PERFECT (पूर्ण बर्तमान) PURNA BARTAMAAN

ENGLISH	NEPALI	TRANSLITERATION
I have wanted	मैले चाहेको छु	Maile chaheko chhu
You have wanted	तैंले चाहेको छस् तिमीले चाहेको छौ तपाईले चाहनु भएको छ	(Low Respect) Taile *(Nasal)* chaheko chhas (Medium Respect) Timile chaheko chhau (High Respect) Tapaaiile chahanu bhaeko chha
He/She/It has wanted	ऊसले चाहेको छ ऊनीले चाहेकी छिन् त्यसले चाहेको छ	Usle chaheko chha Unile chaheki chhin Tyasle chaheko chha
We have wanted	हामीले चाहेका छौं	Haamile chaheka chhaun *(Nasal)*
You have wanted	तिमीहरुले चाहेका छौ तपाईहरुले चाहनु भएको छ	(Medium Respect) Timiharule chaheka chhau (High Respect) Tapaaiile haru chahanu bhaeko chha
They have wanted	ऊनीहरुले चाहेका छन्	Uniharule chaheka chhan

PAST TENSE (भूत काल) BHOOT KAAL
SIMPLE PAST (सामान्य भूत) SAAMANYA BHOOT

ENGLISH	NEPALI	TRANSLITERATION
I wanted	मैले चाहेँ	Maile chahen (nasal)
You wanted	तैंले चाहईस तिमीले चाह्यौ तपाईले चाहनु भयो	(Low Respect) Taile *(nasal)* chahaiis (Medium Respect) Timlei chahayau (High Respect) Tapaaiile chahanu bhayo
He/She/It wanted	ऊसले चाह्यो ऊनीले चाहईन् त्यसले चाह्यो	Usle chahayo Unile chahaiin Tyasle chahayo

We wanted	हामीले चाहयौं	Haamile chahayaun (nasal)
You wanted	तिमीहरुले चाहयौ तपाईहरुले चाहनु भयो	(Medium Respect) Timiharule chahayau (High Respect) Tapaaiiharule chahanu bhayo
They wanted	ऊनीहरुले चाहे	Uniharule chahe

PAST CONTINUOUS (अपूर्ण भूत) APURNA BHOOT

ENGLISH	NEPALI	TRANSLITERATION
I was wanting	म चाहँदै थिएँ	Ma chahandai thiyen
You were wanting	तँ चाहँदै थिईस् तिमी चाहँदै थियौ तपाई चाहँदै हुनु हुन्थ्यो	(Low Respect) Ta (Nasal) chahandai thiis (Medium Respect) Timi chahandai thiyau (High Respect) Tapaaii chahandai hunu hunthyo
He/She/It was wanting	ऊ चाहँदै थियो ऊनी चाहँदै थिईन् त्यसले चाहँदै थियो	U chahandai thiyo Uni chahandai thiin Tyasle chahandai thiyo
We were wanting	हामी चाहँदै थियौं	Haami chahandai thiyaun (nasal)
You were wanting	तिमीहरु चाहँदै थियौ तपाईहरु चाहँदै हुनु हुन्थ्यो	(Medium Respect) Timiharu chahandai thiyau (High Respect) Tapaaii haru chahandai hunu hunthyo
They were wanting	ऊनीहरु चाहँदै थिए	Uniharu chahandai thiye

PAST PERFECT (पूर्ण भूत) PURNA BHOOT

ENGLISH	NEPALI	TRANSLITERATION
I had wanted	मैले चाहेको थिएँ	Maile chaheko thiyen
You had wanted	तैंले चाहेको थिईस् तिमीले चाहेको थियौ तपाईले चाहनु भएको थियो	(Low Respect) Taile (nasal) chaheko thiis (Medium Respect) Timile chaheko thiyau (High Respect) Tapaaiile chahanu bhaeko thiyo

He/She/It had wanted	ऊसले चाहेको थियो ऊनीले चाहेकी थिइन् त्यसले चाहेको थियो	Usle chaheko thiyo Unile chaheki thiin Tyasle chaheko thiyo
We had wanted	हामीले चाहेका थियौं	Haamile chaheka thiyaun *(nasal)*
You had wanted	तिमीहरुले चाहेका थियौ तपाईहरुले चाहनु भएको थियो	(Medium Respect) Timiharule chaheka thiyau (High Respect) Tapaaiiharule chahanu bhaeko thiyo
They had wanted	ऊनीहरुले चाहेका थिए	Uniharule chaheka thiye

FUTURE TENSE (भबिष्य काल) BHABISHYA KAAL
SIMPLE FUTURE (सामान्य भबिष्य) SAAMANYA BHABISHYA

ENGLISH	NEPALI	TRANSLITERATION
I will want	म चाहने छु	Ma chahane chhu
You will want	तँ चाहने छस् तिमी चाहने छौ तपाई चाहनु हुने छ	(Low Respect) Ta *(Nasal)* chahane chhas (Medium Respect) Timi chahane chhau (High Respect) Tapaaii chahanu hune chha
He/She/It will want	ऊ चाहने छ ऊनी चाहने छिन् त्यसले चाहने छ	U chahane chha Uni chahane chhin Tyasle chahane chha
We will want	हामी चाहने छौं	Haami chahane chhaun *(Nasal)*
You will want	तिमीहरु चाहने छौ तपाईहरु चाहनु हुने छ	(Medium Respect) Timiharu chahane chhau (High Respect) Tapaaii haru chahanu hune chha
They will want	ऊनीहरु चाहने छन्	Uniharu chahane chhan

FUTURE CONTINUOUS (अपूर्ण भबिष्य) APURNA BHABISHYA

ENGLISH	NEPALI	TRANSLITERATION
I will be wanting	म चाहँदै हुने छु	Ma chahandai hune chhu
You will be wanting	तँ चाहँदै हुने छस् तिमी चाहँदै हुने छौ तपाई चाहँदै हुनु हुने छ	(Low Respect) Ta *(Nasal)* chahandai hune chhas (Medium Respect) Timi chahandai hune chhau (High Respect) Tapaaii chahandai hunu hune chha
He/She/It will be wanting	ऊ चाहँदै हुने छ ऊनी चाहँदै हुने छिन् त्यसले चाहँदै हुने छ	U chahandai hune chha Uni chahandai hune chhin Tyasle chahandai hune chha
We will be wanting	हामी चाहँदै हुने छौं	Haami chahandai hune chhaun *(Nasal)*
You will be wanting	तिमीहरु चाहँदै हुने छौ तपाईहरु चाहँदै हुनु हुने छ	(Medium Respect) Timiharu chahandai hune chhau (High Respect) Tapaiharu chahandai hunu hune chha
They will be wanting	ऊनीहरु चाहँदै हुने छन्	Uniharu chahandai hune chhan

FUTURE PERFECT (पूर्ण भबिष्य) PURNA BHABISHYA

ENGLISH	NEPALI	TRANSLITERATION
I will have wanted	मैले चाहेको हुने छु	Maile chaheko hune chhu
You will have wanted	तैंले चाहेको हुने छस् तिमीले चाहेको हुने छौ तपाईले चाहेको हुनु हुने छ	(Low Respect) Taile *(Nasal)* chaheko hune chhas (Medium Respect) Timile chaheko hune chhau (High Respect) Tapaaiile chaheko hunu hune chha
He/She/It will have wanted	ऊसले चाहेको हुने छ ऊनीले चाहेकी हुने छिन् त्यसले चाहेको हुने छ	Usle chaheko hune chha Unile chaheki hune chhin Tyasle chaheko hune chha
We will have wanted	हामीले चाहेको हुने छौं	Haamile chaheko hune chhaun *(Nasal)*
You will have wanted	तिमीहरुले चाहेको हुने छौ तपाईहरुले चाहेको हुनु हुने छ	Timiharule chaheko hune chhau (High Respect) Tapaaii harule chaheko hunu hune chha
They will have wanted	ऊनीहरुले चाहेको हुने छन्	Uniharule chaheko hune chhan

8. To Go – जानु (Jaanu)

PRESENT TENSE (बर्तमान काल) BARTAMAAN KAAL
SIMPLE PRESENT (सामान्य बर्तमान) SAAMANYA BARTAMAAN

ENGLISH	NEPALI	TRANSLITERATION
I go	म जान्छु	Ma jaanchhu
You go	तँ जान्छस् तिमी जान्छौ तपाई जानु हुन्छ	(Low Respect) Ta *(Nasal)* jaanchhas (Medium Respect) Timi jaanchhau (High Respect) Tapaaii jaanu huncha
He/She/It goes	ऊ जान्छ ऊनी जान्छिन् त्यो जान्छ	U jaanchha Uni jaanchhin Tyo jaanchha
We go	हामी जान्छौं	Haami jaanchhaun *(Nasal)*
You go	तिमीहरु जान्छौ तपाईहरु जानु हुन्छ	(Medium Respect) Timiharu jaanchhau (High Respect) Tapaaiiharu jaanu huncha
They go	ऊनीहरु जान्छन्	Uniharu jaanchhan

PRESENT CONTINUOUS (अपूर्ण बर्तमान) APURNA BARTAMAAN

ENGLISH	NEPALI	TRANSLITERATION
I am going	म जाँदै छु	Ma jaandai chhu
You are going	तँ जाँदै छस्	(Low Respect) Ta *(Nasal)* jaandai chhas
	तिमी जाँदै छौ	(Medium Respect) Timi jaandai chhau
	तपाई जाँदै हुनु हुन्छ	(High Respect) Tapaaii jaandai hunu huncha
He/She/It is going	ऊ जाँदै छ ऊनी जाँदै छिन् त्यो जाँदै छ	U jaandai chha Uni jaandai chhin Tyo jaandai chha
We are going	हामी जाँदै छौं	Haami jaandai chhaun *(Nasal)*

You are going	तिमीहरू जाँदै छौ तपाईहरू जाँदै हुनु हुन्छ	(Medium Respect) Timiharu jaandai chhau (High Respect) Tapaaiiharu jaandai hunu huncha
They are going	ऊनीहरू जाँदै छन्	Uniharu jaandai chhan

PRESENT PERFECT (पूर्ण बर्तमान) PURNA BARTAMAAN

ENGLISH	NEPALI	TRANSLITERATION
I have gone	म गएको छु	Ma gaeko chhu
You have gone	तँ गएको छस् तिमी गएका छौ तपाई जानु भएको छ	(Low Respect) Ta *(Nasal)* gaeko chhas (Medium Respect) Timi gaeka chhau (High Respect) Tapaaii jaanu bhaeko chha
He/She/It has gone	ऊ गएको छ ऊनी गएकी छिन् त्यो गएको छ	U gaeko chha Uni gaeki chhin Tyo gaeko chha
We have gone	हामी गएका छौं	Haami gaeka chhaun *(Nasal)*
You have gone	तिमीहरू गएका छौ तपाईहरू जानु भएको छ	(Medium Respect) Timiharu gaeka chhau (High Respect) Tapaaii haru jaanu bhaeko chha
They have gone	ऊनीहरू गएका छन्	Uniharu gaeka chhan

PAST TENSE (भूत काल) BHOOT KAAL
SIMPLE PAST (सामान्य भूत) SAAMANYA BHOOT

ENGLISH	NEPALI	TRANSLITERATION
I went	म गएँ	Ma gaen
You went	तँ गईस् तिमी गयौ तपाई जानु भयो	(Low Respect) Ta *(nasal)* gaiis (Medium Respect) Timi gayau (High Respect) Tapaaii jaanu bhayo
He/She/It went	ऊ गयो ऊनी गईन् त्यो गयो	U gayo Uni gaiin Tyo gayo
We went	हामी गयौं	Haami gayaun *(nasal)*

You went	तिमीहरु गयौ तपाईहरु जानु भयो	(Medium Respect) Timiharu gayau (High Respect) Tapaiharu jaanu bhayo
They went	ऊनीहरु गए	Uniharu gae

PAST CONTINUOUS (अपूर्ण भूत) APURNA BHOOT

ENGLISH	NEPALI	TRANSLITERATION
I was going	म जाँदै थिएँ	Ma jaandai thiyen (nasal)
You were going	तँ जाँदै थिईस् तिमी जाँदै थियौ तपाई जाँदै हुनु हुन्थ्यो	(Low Respect) Ta (Nasal) jaandai thiis (Medium Respect) Timi jaandai thiyau (High Respect) Tapaaii jaandai hunu hunthyo
He/She/It was going	ऊ जाँदै थियो ऊनी जाँदै थिईन् त्यो जाँदै थियो	U jaandai thiyo Uni jaandai thiin Tyo jaandai thiyo
We were going	हामी जाँदै थियौं	Haami jaandai thiyaun
You were going	तिमीहरु जाँदै थियौ तपाईहरु जाँदै हुनु हुन्थ्यो	(Medium Respect) Timiharu jaandai thiyau (High Respect) Tapaaii haru jaandai hunu hunthyo
They were going	ऊनीहरु जाँदै थिए	Uniharu jaandai thiye

PAST PERFECT (पूर्ण भूत) PURNA BHOOT

ENGLISH	NEPALI	TRANSLITERATION
I had gone	म गएको थिएँ	Ma gaeko thiyen (nasal)
You had gone	तँ गएको थिईस् तिमी गएको थियौ तपाई जानु भएको थियो	(Low Respect) Ta (nasal) gaeko thiis (Medium Respect) Timi gaeko thiyau (High Respect) Tapaaii jaanu bhaeko thiyo
He/She/It had gone	ऊ गएको थियो ऊनी गएकी थिईन् त्यो गएको थियो	Us gaeko thiyo Uni gaeki thiin Tyo gaeko thiyo
We had gone	हामी गएका थियौं	Haami gaeka thiyaun (nasal)

You had gone	तिमीहरु गएका थियौ	(Medium Respect) Timiharu gaeko thiyau
	तपाईहरु जानु भएको थियो	(High Respect) Tapaaiiharu jaanu bhaeko thiyo
They had gone	ऊनीहरु गएका थिए	Uniharu gaeka thiye

FUTURE TENSE (भबिष्य काल) BHABISHYA KAAL
SIMPLE FUTURE (सामान्य भबिष्य) SAAMANYA BHABISHYA

ENGLISH	NEPALI	TRANSLITERATION
I will go	म जाने छु	Ma jaane chhu
You will go	तँ जाने छस्	(Low Respect) Ta *(Nasal)* jaane chhas
	तिमी जाने छौ	(Medium Respect) Timi jaane chhau
	तपाई जानु हुने छ	(High Respect) Tapaaii jaanu hune chha
He/She/It will go	ऊ जाने छ	U jaane chha
	ऊनी जाने छिन्	Uni jaane chhin
	त्यो जाने छ	Tyo jaane chha
We will go	हामी जाने छौं	Haami jaane chhaun *(Nasal)*
You will go	तिमीहरु जाने छौ	(Medium Respect) Timiharu jaane chhau
	तपाईहरु जानु हुने छ	(High Respect) Tapaaii haru jaanu hune chha
They will go	ऊनीहरु जाने छन्	Uniharu jaane chhan

FUTURE CONTINUOUS (अपूर्ण भबिष्य) APURNA BHABISHYA

ENGLISH	NEPALI	TRANSLITERATION
I will be going	म जाँदै हुने छु	Ma jaandai hune chhu
You will be going	तँ जाँदै हुने छस्	(Low Respect) Ta *(Nasal)* jaandai hune chhas
	तिमी जाँदै हुने छौ	(Medium Respect) Timi jaandai hune chhau
	तपाई जाँदै हुनु हुने छ	(High Respect) Tapaaii jaandai hunu hune chha
He/She/It will be going	ऊ जाँदै हुने छ	U jaandai hune chha
	ऊनी जाँदै हुने छिन्	Uni jaandai hune chhin
	त्यो जाँदै हुने छ	Tyo jaandai hune chha

We will be going	हामी जाँदै हुने छौं	Haami jaandai hune chhaun *(Nasal)*
You will be going	तिमीहरु जाँदै हुने छौ तपाईहरु जाँदै हुनु हुने छ	(Medium Respect) Timiharu jaandai hune chhau (High Respect) Tapaiharu jaandai hunu hune chha
They will be going	ऊनीहरु जाँदै हुने छन्	Uniharu jaandai hune chhan

FUTURE PERFECT (पूर्ण भबिष्य) PURNA BHABISHYA

ENGLISH	NEPALI	TRANSLITERATION
I will have gone	म गएको हुने छु	Ma gaeko hune chhu
You will have gone	तँ गएको हुने छस् तिमी गएको हुने छौ तपाई गएको हुनु हुने छ	(Low Respect) Ta *(Nasal)* gaeko hune chhas (Medium Respect) Timi gaeko hune chhau (High Respect) Tapaaii gaeko hunu hune chha
He/She/It will have gone	ऊ गएको हुने छ ऊनी गएकी हुने छिन् त्यो गएको हुने छ	U gaeko hune chha Uni gaeki hune chhin Tyo gaeko hune chha
We will have gone	हामी गएको हुने छौं	Haami gaeko hune chhaun *(Nasal)*
You will have gone	तिमीहरु गएको हुने छौ तपाईहरु गएको हुनु हुने छ	Timiharu gaeko hune chhau (High Respect) Tapaaii haru gaeko hunu hune chha
They will have gone	ऊनीहरु गएको हुने छन्	Uniharu gaeko hune chhan

9. To Know – जान्नु/चिन्नु (Jaannu/Chinnu)

PRESENT TENSE (बर्तमान काल) BARTAMAAN KAAL
SIMPLE PRESENT (सामान्य बर्तमान) SAAMANYA BARTAMAAN

ENGLISH	NEPALI	TRANSLITERATION
I know	म चिन्छु	Ma chinchhu
You know	तँ चिन्छस् तिमी चिन्छौ तपाई चिन्नु हुन्छ	(Low Respect) Ta (Nasal) chinchhas (Medium Respect) Timi (High Respect) Tapaaii chinnu huncha
He/She/It knows	ऊ चिन्छ ऊनी चिन्छिन् त्यसले चिन्छ	U chinchha Uni chinchhin Tyasle chinchha
We know	हामी चिन्छौं	Haami chinchhaun (Nasal)
You know	तिमीहरु चिन्छौ तपाईहरु चिन्नु हुन्छ	(Medium Respect) Timiharu chinchhau (High Respect) Tapaaiiharu chinnu huncha
They know	ऊनीहरु चिन्छन्	Uniharu chinchhan

PRESENT CONTINUOUS (अपूर्ण बर्तमान) APURNA BARTAMAAN

ENGLISH	NEPALI	TRANSLITERATION
I am knowing	म चिन्दै छु	Ma chindai chhu
You are knowing	तँ चिन्दै छस्	(Low Respect) Ta (Nasal) chindai chhas
	तिमी चिन्दै छौ	(Medium Respect) Timi chindai chhau
	तपाई चिन्दै हुनु हुन्छ	(High Respect) Tapaaii chindai hunu huncha
He/She/It is knowing	ऊ चिन्दै छ ऊनी चिन्दै छिन् त्यसले चिन्दै छ	U chindai chha Uni chindai chhin Tyasle chindai chha
We are knowing	हामी चिन्दै छौं	Haami chindai chhaun (Nasal)

You are knowing	तिमीहरु चिन्दै छौ तपाईंहरु चिन्दै हुनु हुन्छ	(Medium Respect) Timiharu chindai chhau (High Respect) Tapaaiiharu chindai hunu huncha
They are knowing	ऊनीहरु चिन्दै छन्	Uniharu chindai chhan

PRESENT PERFECT (पूर्ण बर्तमान) PURNA BARTAMAAN

ENGLISH	NEPALI	TRANSLITERATION
I have known	मैले चिनेको छु	Maile chineko chhu
You have known	तैंले चिनेको छस् तिमीले चिनेका छौ तपाईंले चिन्नु भएको छ	(Low Respect) Taile (Nasal) chineko chhas (Medium Respect) Timile chineka chhau (High Respect) Tapaaiile chinnu bhaeko cha
He/She/It has knew	ऊसले चिनेको छ ऊनीले चिनेकी छिन् त्यसले चिनेको छ	Usle chineko chha Unile chineki chhin Tyasle chineko chha
We have known	हामीले चिनेका छौं	Haamile chineka chhaun (Nasal)
You have known	तिमीहरुले चिनेका छौ तपाईंहरुले चिन्नु भएको छ	(Medium Respect) Timiharule chineka chhau (High Respect) Tapaaii harule chinnu bhaeko chha
They have known	ऊनीहरुले चिनेका छन्	Uniharule chineka chhan

PAST TENSE (भूत काल) BHOOT KAAL
SIMPLE PAST (सामान्य भूत) SAAMANYA BHOOT

ENGLISH	NEPALI	TRANSLITERATION
I knew	मैले चिनें	Maile chinen (nasal)
You knew	तैंले चिनिस् तिमीले चिन्यौ तपाईंले चिन्नु भयो	(Low Respect) Taile (Nasal) chinis (Medium Respect) Timile chinyau (High Respect) Tapaaiile chinnu bhayo
He/She/It knew	ऊसले चिन्यो ऊनीले चिनिन् त्यसले चिन्यो	Usle chinyo Unile chinin Tyasle chinyo
We knew	हामीले चिन्यौं	Haamile chinyaun (nasal)

| You knew | तिमीहरुले चिन्यौ
तपाईहरुले चिन्नु भयो | (Medium Respect) Timiharule chinyau
(High Respect) Tapaiharule chinnu bhayo |
| They knew | ऊनीहरुले चिने | Uniharule chine |

PAST CONTINUOUS (अपूर्ण भूत) APURNA BHOOT

ENGLISH	NEPALI	TRANSLITERATION
I was knowing	म चिन्दै थिएँ	Ma chindai thiyen (nasal)
You were knowing	तँ चिन्दै थिईस् तिमी चिन्दै थियौ तपाई चिन्दै हुनु हुन्थ्यो	(Low Respect) Ta (Nasal) chindai thiis (Medium Respect) Timi chindai thiyau (High Respect) Tapaaii chindai hunu hunthyo
He/She/It was knowing	ऊ चिन्दै थियो ऊनी चिन्दै थिईन् त्यसले चिन्दै थियो	U chindai thiyo Uni chindai thiin Tyasle chindai thiyo
We were knowing	हामी चिन्दै थियौं	Haami chindai thiyaun (nasal)
You were knowing	तिमीहरु चिन्दै थियौ तपाईहरु चिन्दै हुनु हुन्थ्यो	(Medium Respect) Timiharu chindai thiyau (High Respect) Tapaaii haru chindai hunu hunthyo
They were knowing	ऊनीहरु चिन्दै थिए	Uniharu chindai thiye

PAST PERFECT (पूर्ण भूत) PURNA BHOOT

ENGLISH	NEPALI	TRANSLITERATION
I had known	मैले चिनेको थिएँ	Maile chineko thiyen (nasal)
You had known	तैंले चिनेको थिईस् तिमीले चिनेको थियौ तपाईले चिन्नु भएको थियो	(Low Respect) Taile (nasal) chineko thiis (Medium Respect) Timile chineko thiyau (High Respect) Tapaaii le chinnu bhaeko thiyo
He/She/It had known	ऊसले चिनेको थियो ऊनीले चिनेकी थिईन् त्यसले चिनेको थियो	Usle chineko thiyo Unile chineki thiin Tyasle chineko thiyo
We had known	हामीले चिनेका थियौं	Haamile chineka thiyaun (nasal)

You had known	तिमीहरुले चिनेका थियौ तपाईहरुले चिन्नु भएको थियो	(Medium Respect) Timiharule chineko thiyau (High Respect) Tapaaiiharule chinnu bhaeko thiyo
They had known	ऊनीहरुले चिनेका थिए	Uniharule chineka thiye

FUTURE TENSE (भबिष्य काल) BHABISHYA KAAL
SIMPLE FUTURE (सामान्य भबिष्य) SAAMANYA BHABISHYA

ENGLISH	NEPALI	TRANSLITERATION
I will know	म चिन्ने छु	Ma chinne chhu
You will know	तँ चिन्ने छस् तिमी चिन्ने छौ तपाई चिन्नु हुने छ	(Low Respect) Ta (Nasal) chinne chhas (Medium Respect) Timi chinne chhau (High Respect) Tapaaii chinnu hune chha
He/She/It will know	ऊ चिन्ने छ ऊनी चिन्ने छिन् त्यसले चिन्ने छ	U chinne chha Uni chinne chhin Tyasle chinne chha
We will know	हामी चिन्ने छौं	Haami chinne chhaun *(Nasal)*
You will know	तिमीहरु चिन्ने छौ तपाईहरु चिन्नु हुने छ	(Medium Respect) Timiharuchinne chhau (High Respect) Tapaaii haru chinnu hune chha
They will know	ऊनीहरु चिन्ने छन्	Uniharu chinne chhan

FUTURE CONTINUOUS (अपूर्ण भबिष्य) APURNA BHABISHYA

ENGLISH	NEPALI	TRANSLITERATION
I will be knowing	म चिन्दै हुने छु	Ma chindai hune chhu
You will be knowing	तँ चिन्दै हुने छस् तिमी चिन्दै हुने छौ तपाई चिन्दै हुनु हुने छ	(Low Respect) Ta (Nasal) chindai hune chhas (Medium Respect) Timi chindai hune chhau (High Respect) Tapaaii chindai hunu hune chha
He/She/It will be knowing	ऊ चिन्दै हुने छ ऊनी चिन्दै हुने छिन् त्यसले चिन्दै हुने छ	U chindai hune chha Uni chindai hune chhin Tyasle chindai hune chha

We will be knowing	हामी चिन्दै हुने छौं	Haami chindai hune chhaun (Nasal)
You will be knowing	तिमीहरु चिन्दै हुने छौ तपाईहरु चिन्दै हुनु हुने छ	(Medium Respect) Timiharu chindai hune chhau (High Respect) Tapaiharu chindai hunu hune chha
They will be knowing	ऊनीहरु चिन्दै हुने छन्	Uniharu chindai hune chhan

FUTURE PERFECT (पूर्ण भबिष्य) PURNA BHABISHYA

ENGLISH	NEPALI	TRANSLITERATION
I will have known	मैले चिनेको हुने छु	Maile chineko hune chhu
You will have known	तैंले चिनेको हुने छस् तिमीले चिनेको हुने छौ तपाईले चिनेको हुनु हुने छ	(Low Respect) Taile (Nasal) chineko hune chhas (Medium Respect) Timile chineko hune chhau (High Respect) Tapaaii le chineko hunu hune chha
He/She/It will have known	ऊसले चिनेको हुने छ ऊनीले चिनेकी हुने छिन् त्यसले चिनेको हुने छ	Usle chineko hune chha Unile chineki hune chhin Tyasle chineko hune chha
We will have known	हामीले चिनेको हुने छौं	Haami le chineko hune chhaun (Nasal)
You will have known	तिमीहरुले चिनेको हुने छौ तपाईहरुले चिनेको हुनु हुने छ	Timiharule chineko hune chhau (High Respect) Tapaaii harule chineko hunu hune chha
They will have known	ऊनीहरुले चिनेको हुने छन्	Uniharule chineko hune chhan

10. To Give – दिनु (Dinu)

PRESENT TENSE (बर्तमान काल) BARTAMAAN KAAL
SIMPLE PRESENT (सामान्य बर्तमान) SAAMANYA BARTAMAAN

ENGLISH	NEPALI	TRANSLITERATION
I give	म दिन्छु	Ma dinchhu
You give	तँ दिन्छस् तिमी दिन्छौ तपाई दिनु हुन्छ	(Low Respect) Ta *(Nasal)* dinchhas (Medium Respect) Timi dinchhau (High Respect) Tapaaii dinu huncha
He/She/It gives	ऊ दिन्छ ऊनी दिन्छिन् त्यसले दिन्छ	U dinchha Uni dinchhin Tyasle dinchha
We give	हामी दिन्छौं	Haami dinchhaun *(Nasal)*
You give	तिमीहरु दिन्छौ तपाईहरु दिनु हुन्छ	(Medium Respect) Timiharu dinchhau (High Respect) Tapaaiiharu dinu huncha
They give	ऊनीहरु दिन्छन्	Uniharu dinchhan

PRESENT CONTINUOUS (अपूर्ण बर्तमान) APURNA BARTAMAAN

ENGLISH	NEPALI	TRANSLITERATION
I am giving	म दिँदै छु	Ma dindai chhu
You are giving	तँ दिँदै छस् तिमी दिँदै छौ तपाई दिँदै हुनु हुन्छ	(Low Respect) Ta *(Nasal)* dindai chhas (Medium Respect) Timi dindai chhau (High Respect) Tapaaii dindai hunu huncha
He/She/It is giving	ऊ दिँदै छ ऊनी दिँदै छिन् त्यसले दिँदै छ	U dindai chha Uni dindai chhin Tyasle dindai chha
We are giving	हामी दिँदै छौं	Haami dindai chhaun *(Nasal)*

You are giving	तिमीहरु दिँदै छौ तपाईहरु दिँदै हुनु हुन्छ	(Medium Respect) Timiharu dindai chhau (High Respect) Tapaaiiharu dindai hunu huncha
They are giving	ऊनीहरु दिँदै छन्	Uniharu dindai chhan

PRESENT PERFECT (पूर्ण बर्तमान) PURNA BARTAMAAN

ENGLISH	NEPALI	TRANSLITERATION
I have given	मैले दिएको छु	Maile dieko chhu
You have given	तैंले दिएको छस् तिमीले दिएका छौ तपाईले दिनु भएको छ	(Low Respect) Taile *(Nasal)* dieko chhas (Medium Respect) Timile dieka chhau (High Respect) Tapaaiile dinu bhaeko chha
He/She/It has given	ऊसले दिएको छ ऊनीले दिएकी छिन् त्यसले दिएको छ	Usle dieko chha Unile dieki chhin Tyasle dieko chha
We have given	हामीले दिएका छौं	Haamile dieka chhaun *(Nasal)*
You have given	तिमीहरुले दिएका छौ तपाईहरुले दिनु भएको छ	(Medium Respect) Timiharule dieka chhau (High Respect) Tapaaiile haru dinu bhaeko chha
They have given	ऊनीहरुले दिएका छन्	Uniharule dieka chhan

PAST TENSE (भूत काल) BHOOT KAAL
SIMPLE PAST (सामान्य भूत) SAAMANYA BHOOT

ENGLISH	NEPALI	TRANSLITERATION
I gave	मैले दिएँ	Maile dien (nasal)
You gave	तैंले दिईस तिमीले दियौ तपाईले दिनु भयो	(Low Respect) Taile *(nasal)* diiis (Medium Respect) Timile diyau (High Respect) Tapaaiile dinu bhayo
He/She/It gave	ऊसले दियो ऊनीले दिईन् त्यसले दियो	Usle diyo Unile diin Tyasle diyo
We gave	हामीले दियौं	Haamile diyaun *(nasal)*

You gave	तिमीहरुले दियौ तपाईहरुले दिनु भयो	(Medium Respect) Timiharule diyau (High Respect) Tapaiharule dinu bhayo
They gave	ऊनीहरुले दिए	Uniharule die

PAST CONTINUOUS (अपूर्ण भूत) APURNA BHOOT

ENGLISH	NEPALI	TRANSLITERATION
I was giving	म दिँदै थिएँ	Ma dindai thiyen (nasal)
You were giving	तँ दिँदै थिईस् तिमी दिँदै थियौ तपाई दिँदै हुनु हुन्थ्यो	(Low Respect) Ta *(Nasal)* dindai thiis (Medium Respect) Timi dindai thiyau (High Respect) Tapaaii dindai hunu hunthyo
He/She/It was giving	ऊ दिँदै थियो ऊनी दिँदै थिईन् त्यसले दिँदै थियो	U dindai thiyo Uni dindai thiin Tyasle dindai thiyo
We were giving	हामी दिँदै थियौं	Haami dindai thiyaun (Nasal)
You were giving	तिमीहरु दिँदै थियौ तपाईहरु दिँदै हुनु हुन्थ्यो	(Medium Respect) Timiharu dindai thiyau (High Respect) Tapaaii haru dindai hunu hunthyo
They were giving	ऊनीहरु दिँदै थिए	Uniharu dindai thiye

PAST PERFECT (पूर्ण भूत) PURNA BHOOT

ENGLISH	NEPALI	TRANSLITERATION
I had given	मैले दिएको थिएँ	Maile dieko thiyen
You had given	तैंले दिएको थिईस् तिमीले दिएको थियौ तपाईले दिनु भएको थियो	(Low Respect) Taile *(nasal)* dieko thiis (Medium Respect) Timile dieko thiyau (High Respect) Tapaaiile dinu bhaeko thiyo
He/She/It had given	ऊसले दिएको थियो ऊनीले दिएकी थिईन् त्यसले दिएको थियो	Usle dieko thiyo Unile dieki thiin Tyasle dieko thiyo
We had given	हामीले दिएका थियौं	Haamile dieka thiyaun *(nasal)*

You had given	तिमीहरुले दिएका थियौ तपाईहरुले दिनु भएको थियो	(Medium Respect) Timiharule dieko thiyau (High Respect) Tapaaiiharu ledinu bhaeko thiyo
They had given	ऊनीहरुले दिएका थिए	Uniharule dieka thiye

FUTURE TENSE (भबिष्य काल) BHABISHYA KAAL
SIMPLE FUTURE (सामान्य भबिष्य) SAAMANYA BHABISHYA

ENGLISH	NEPALI	TRANSLITERATION
I will give	म दिने छु	Ma dine chhu
You will give	तँ दिने छस् तिमी दिने छौ तपाई दिनु हुने छ	(Low Respect) Ta *(Nasal)* dine chhas (Medium Respect) Timi dine chhau (High Respect) Tapaaii dinu hune chha
He/She/It will give	ऊ दिने छ ऊनी दिने छिन् त्यसले दिने छ	U dine chha Uni dine chhin Tyasle dine chha
We will give	हामी दिने छौं	Haami dine chhaun *(Nasal)*
You will give	तिमीहरु दिने छौ तपाईहरु दिनु हुने छ	(Medium Respect) Timiharu dine chhau (High Respect) Tapaaii haru dinu hune chha
They will give	ऊनीहरु दिने छन्	Uniharu dine chhan

FUTURE CONTINUOUS (अपूर्ण भबिष्य) APURNA BHABISHYA

ENGLISH	NEPALI	TRANSLITERATION
I will be giving	म दिँदै हुने छु	Ma dindai hune chhu
You will be giving	तँ दिँदै हुने छस् तिमी दिँदै हुने छौ तपाई दिँदै हुनु हुने छ	(Low Respect) Ta *(Nasal)* dindai hune chhas (Medium Respect) Timi dindai hune chhau (High Respect) Tapaaii dindai hunu hune chha

He/She/It will be giving	ऊ दिँदै हुने छ ऊनी दिँदै हुने छिन् त्यसले दिँदै हुने छ	U dindai hune chha Uni dindai hune chhin Tyasle dindai hune chha
We will be giving	हामी दिँदै हुने छौं	Haami dindai hune chhaun *(Nasal)*
You will be giving	तिमीहरु दिँदै हुने छौ तपाईहरु दिँदै हुनु हुने छ	(Medium Respect) Timiharu dindai hune chhau (High Respect) Tapaaiiharu dindai hunu hune chha
They will be giving	ऊनीहरु दिँदै हुने छन्	Uniharu dindai hune chhan

FUTURE PERFECT (पूर्ण भविष्य) PURNA BHABISHYA

ENGLISH	NEPALI	TRANSLITERATION
I will have given	मैले दिएको हुने छु	Maile dieko hune chhu
You will have given	तैंले दिएको हुने छस् तिमीले दिएको हुने छौ तपाईले दिएको हुनु हुने छ	(Low Respect) Taile *(Nasal)* dieko hune chhas (Medium Respect) Timile dieko hune chhau (High Respect) Tapaaiile dieko hunu hune chha
He/She/It will have given	ऊसले दिएको हुने छ ऊनीले दिएकी हुने छिन् त्यसले दिएको हुने छ	Usle dieko hune chha Unile dieki hune chhin Tyasle dieko hune chha
We will have given	हामीले दिएको हुने छौं	Haamile dieko hune chhaun *(Nasal)*
You will have given	तिमीहरु दिएको हुने छौ तपाईहरुले दिएको हुनु हुने छ	Timiharule dieko hune chhau (High Respect) Tapaaii harule dieko hunu hune chha
They will have given	ऊनीहरुले दिएको हुने छन्	Uniharule dieko hune chhan

11. To Get – पाउनु (Paaunu)

PRESENT TENSE (बर्तमान काल) BARTAMAAN KAAL
SIMPLE PRESENT (सामान्य बर्तमान) SAAMANYA BARTAMAAN

ENGLISH	NEPALI	TRANSLITERATION
I get	म पाउछु	Ma paauchhu
You get	तँ पाउछस् तिमी पाउछौ तपाई पाउनु हुन्छ	(Low Respect) Ta (Nasal) paauchhas (Medium Respect) Timi paauchhau (High Respect) Tapaaii paaunu hunchha
He/She/It gets	ऊ पाउछ ऊनी पाउछिन् त्यसले पाउछ	U paauchha Uni paauchhin Tyasle paauchha
We get	हामी पाउछौं	Haami paauchhaun (Nasal)
You get	तिमीहरू पाउछौ तपाईहरु पाउनु हुन्छ	(Medium Respect) Timiharu paachhau (High Respect) Tapaaiiharu paaunu huncha
They get	ऊनीहरू पाउछन्	Uniharu paauchhan

PRESENT CONTINUOUS (अपूर्ण बर्तमान) APURNA BARTAMAAN

ENGLISH	NEPALI	TRANSLITERATION
I am getting	म पाउँदै छु	Ma paaundai chhu
You are getting	तँ पाउँदै छस् तिमी पाउँदै छौ तपाई पाउँदै हुनु हुन्छ	(Low Respect) Ta (Nasal) paaundai chhas (Medium Respect) Timi paaundai chhau (High Respect) Tapaaii paaundai hunu huncha
He/She/It is getting	ऊ पाउँदै छ ऊनी पाउँदै छिन् त्यसले पाउँदै छ	U paaundai chha Uni paaundai chhin Tyasle paaundai chha
We are getting	हामी पाउँदै छौं	Haami paaundai chhaun (Nasal)

You are getting	तिमीहरु पाउँदै छौ तपाईहरु पाउँदै हुनु हुन्छ	(Medium Respect) Timiharu paaundai chhau (High Respect) Tapaaiiharu paaundai hunu huncha
They are getting	ऊनीहरु पाउँदै छन्	Uniharu paaundai chhan

PRESENT PERFECT (पूर्ण बर्तमान) PURNA BARTAMAAN

ENGLISH	NEPALI	TRANSLITERATION
I have got	मैले पाएको छु	Maile paaeko chhu
You have got	तैंले पाएको छस् तिमीले पाएका छौ तपाईले पाउनु भएको छ	(Low Respect) Taile (Nasal) paaeko chhas (Medium Respect) Timile paaeka chhau (High Respect) Tapaile paaunu bhaeko cha
He/She/It has got	ऊसले पाएको छ ऊनीले पाएकी छिन् त्यसले पाएको छ	Usle paaeko chha Unile paaeki chhin Tyasle paaeko chha
We have got	हामीले पाएका छौं	Haamile paaeka chhaun (Nasal)
You have got	तिमीहरुले पाएका छौ तपाईहरुले पाउनु भएको छ	(Medium Respect) Timiharule paaeka chhau (High Respect) Tapaaii harule paaunu bhaeko chha
They have got	ऊनीहरुले पाएका छन्	Uniharule paaeka chhan

PAST TENSE (भूत काल) BHOOT KAAL
SIMPLE PAST (सामान्य भूत) SAAMANYA BHOOT

ENGLISH	NEPALI	TRANSLITERATION
I got	मैले पाएँ	Maile paaen (Nasal)
You got	तैंले पाईस् तिमीले पायौ तपाईले पाउनु भयो	(Low Respect) Taile (Nasal) paais (Medium Respect) Timile paayau (High Respect) Tapaaiile paaunu bhayo
He/She/It got	ऊसले पायो ऊनीले पाईन् त्यसले पायो	Usle paayo Unile paain Tyasle paayo
We got	हामीले पायौं	Haamile paayaun (nasal)

You got	तिमीहरुले पायौ तपाईहरुले पाउनु भयो	(Medium Respect) Timiharule paayau (High Respect) Tapaiharule paaunu bhayo
They got	ऊनीहरुले पाए	Uniharule paae

PAST CONTINUOUS (अपूर्ण भूत) APURNA BHOOT

ENGLISH	NEPALI	TRANSLITERATION
I was getting	म पाउँदै थिएँ	Ma paaundai thiyen (Nasal)
You were getting	तँ पाउँदै थिईस् तिमी पाउँदै थियौ तपाई पाउँदै हुनु हुन्थ्यो	(Low Respect) Ta (Nasal) paaundai thiis (Medium Respect) Timi paaundai thiyau (High Respect) Tapaaii paaundai hunu hunthyo
He/She/It was getting	ऊ पाउँदै थियो ऊनी पाउँदै थिईन् त्यो पाउँदै थियो	U paaundai thiyo Uni paaundai thiin Tyo paaundai thiyo
We were getting	हामी पाउँदै थियौं	Haami paaundai thiyaun (Nasal)
You were getting	तिमीहरु पाउँदै थियौ तपाईहरु पाउँदै हुनु हुन्थ्यो	(Medium Respect) Timiharu paaundai thiyau (High Respect) Tapaaii haru paaundai hunu hunthyo
They were getting	ऊनीहरु पाउँदै थिए	Uniharu paaundai thiye

PAST PERFECT (पूर्ण भूत) PURNA BHOOT

ENGLISH	NEPALI	TRANSLITERATION
I had got	मैले पाएको थिएँ	Maile paaeko thiyen (Nasal)
You had got	तैंले पाएको थिईस् तिमीले पाएको थियौ तपाईले पाउनु भएको थियो	(Low Respect) Taile (nasal) paaeko thiis (Medium Respect) Timile paaeko thiyau (High Respect) Tapaaii le paaunu bhaeko thiyo
He/She/It had got	ऊसले पाएको थियो ऊनीले पाएकी थिईन् त्यसले पाएको थियो	Usle paaeko thiyo Unile paaeki thiin Tyasle paaeko thiyo
We had got	हामीले पाएका थियौं	Haamile paaeka thiyaun (nasal)

You had got	तिमीहरुले पाएका थियौ तपाईहरुले पाउनु भएको थियो	(Medium Respect) Timiharule paaeka thiyau (High Respect) Tapaaiiharule paaunu bhaeko thiyo
They had got	ऊनीहरुले पाएका थिए	Uniharule paaeka thiye

FUTURE TENSE (भबिष्य काल) BHABISHYA KAAL
SIMPLE FUTURE (सामान्य भबिष्य) SAAMANYA BHABISHYA

ENGLISH	NEPALI	TRANSLITERATION
I will get	मैले पाउने छु	Maile paaune chhu
You will get	तँले पाउने छस् तिमीले पाउने छौ तपाईले पाउनु हुने छ	(Low Respect) Taile (Nasal) paaune chhas (Medium Respect) Timile paaune chhau (High Respect) Tapaaiile paaunu hune chha
He/She/It will get	ऊसले पाउने छ ऊनीले पाउने छिन् त्यसले पाउने छ	Usle paaune chha Unile paaune chhin Tyasle paaune chha
We will get	हामीले पाउने छौं	Haamile paaune chhaun *(Nasal)*
You will get	तिमीहरुले पाउने छौ तपाईहरुले पाउनु हुने छ	(Medium Respect) Timiharule paaune chhau (High Respect) Tapaaii harule paaunu hune chha
They will get	ऊनीहरुले पाउने छन्	Uniharule paaune chhan

FUTURE CONTINUOUS (अपूर्ण भबिष्य) APURNA BHABISHYA

ENGLISH	NEPALI	TRANSLITERATION
I will be getting	म पाउँदै हुने छु	Ma paaundai hune chhu
You will be getting	तँ पाउँदै हुने छस् तिमी पाउँदै हुने छौ तपाई पाउँदै हुनु हुने छ	(Low Respect) Ta (Nasal) paaundai hune chhas (Medium Respect) Timi paaundai hune chhau (High Respect) Tapaaii paaundai hunu hune chha
He/She/It will be getting	ऊ पाउँदै हुने छ ऊनी पाउँदै हुने छिन् त्यसले पाउँदै हुने छ	U paaundai hune chha Uni paaundai hune chhin Tyasle paaundai hune chha

We will be getting	हामी पाउँदै हुने छौं	Haami paaundai hune chhaun (Nasal)
You will be getting	तिमीहरु पाउँदै हुने छौ तपाईहरु पाउँदै हुनु हुने छ	(Medium Respect) Timiharu paaundai hune chhau (High Respect) Tapaiharu paaundai hunu hune chha
They will be getting	ऊनीहरु पाउँदै हुने छन्	Uniharu paaundai hune chhan

FUTURE PERFECT (पूर्ण भबिष्य) PURNA BHABISHYA

ENGLISH	NEPALI	TRANSLITERATION
I will have got	मैले पाएको हुने छु	Maile paaeko hune chhu
You will have got	तैंले पाएको हुने छस् तिमीले पाएको हुने छौ तपाईले पाएको हुनु हुने छ	(Low Respect) Taile (Nasal) paaeko hune chhas (Medium Respect) Timile paaeko hune chhau (High Respect) Tapaaii le paaeko hunu hune chha
He/She/It will have got	ऊसले पाएको हुने छ ऊनीले पाएकी हुने छिन् त्यसले पाएको हुने छ	Usle paaeko hune chha Unile paaeki hune chhin Tyasle paaeko hune chha
We will have got	हामीले पाएको हुने छौं	Haami le paaeko hune chhaun (Nasal)
You will have got	तिमीहरुले पाएको हुने छौ तपाईहरुले पाएको हुनु हुने छ	Timiharule paaeko hune chhau (High Respect) Tapaaii harule paaeko hunu hune chha
They will have got	ऊनीहरुले पाएको हुने छन्	Uniharule paaeko hune chhan

12. To Use – प्रयोग गर्नु (Prayog garnu)

PRESENT TENSE (बर्तमान काल) BARTAMAAN KAAL

SIMPLE PRESENT (सामान्य बर्तमान) SAAMANYA BARTAMAAN

ENGLISH	NEPALI	TRANSLITERATION
I use	म प्रयोग गर्छु	Ma prayog garchhu
You use	तँ प्रयोग गर्छस् तिमी प्रयोग गर्छौ तपाई प्रयोग गर्नु हुन्छ	(Low Respect) Ta (Nasal) prayog garchhas (Medium Respect) Timi prayog garchhau (High Respect) Tapaaii prayog garnu hunchha
He/She/It uses	ऊ प्रयोग गर्छ ऊनी प्रयोग गर्छिन् त्यसले प्रयोग गर्छ	U prayog garchha Uni prayog garchhin Tyasle prayog garchha
We use	हामी प्रयोग गर्छौं	Haami prayog garchhaun (Nasal)
You use	तिमीहरु प्रयोग गर्छौ तपाईहरु प्रयोग गर्नु हुन्छ	(Medium Respect) Timiharu prayog garchhau (High Respect) Tapaaiiharu prayog garnu huncha
They use	ऊनीहरु प्रयोग गर्छन्	Uniharu prayog garchhan

PRESENT CONTINUOUS (अपूर्ण बर्तमान) APURNA BARTAMAAN

ENGLISH	NEPALI	TRANSLITERATION
I am using	म प्रयोग गर्दैछु	Ma prayog gardai chhu
You are using	तँ प्रयोग गर्दै छस् तिमी प्रयोग गर्दै छौ तपाई प्रयोग गर्दै हुनु हुन्छ	(Low Respect) Ta (Nasal) prayog gardai chhas (Medium Respect) Timi prayog gardai chhau (High Respect) Tapaaii prayog gardai hunu huncha
He/She/It is using	ऊ प्रयोग गर्दै छ ऊनी प्रयोग गर्दै छिन् त्यसले प्रयोग गर्दै छ	U prayog gardai chha Uni prayog gardai chhin Tyasle prayog gardai chha
We are using	हामी प्रयोग गर्दै छौं	Haami prayog gardai chhaun (Nasal)

You are using	तिमीहरु प्रयोग गर्दै छौ तपाईहरु प्रयोग गर्दै हुनु हुन्छ	(Medium Respect) Timiharu prayog gardai chhau (High Respect) Tapaaiiharu prayog gardai hunu huncha
They are using	ऊनीहरु प्रयोग गर्दै छन्	Uniharu prayog gardai chhan

PRESENT PERFECT (पूर्ण बर्तमान) PURNA BARTAMAAN

ENGLISH	NEPALI	TRANSLITERATION
I have used	मैले प्रयोग गरेको छु	Maile prayog gareko chhu
You have used	तैंले प्रयोग गरेको छस् तिमीले प्रयोग गरेका छौ तपाईले प्रयोग गर्नु भएको छ	(Low Respect) Taile (Nasal) prayog gareko chhas (Medium Respect) Timile prayog gareka chhau (High Respect) Tapaile prayog garnu bhaeko cha
He/She/It has used	ऊसले प्रयोग गरेको छ ऊनीले प्रयोग गरेकी छिन् त्यसले प्रयोग गरेको छ	Usle prayog gareko chha Unile prayog gareki chhin Tyasle prayog gareko chha
We have used	हामीले प्रयोग गरेका छौं	Haamile prayog gareka chhaun (Nasal)
You have used	तिमीहरुले प्रयोग गरेका छौ तपाईहरुले प्रयोग गर्नु भएको छ	(Medium Respect) Timiharule prayog gareka chhau (High Respect) Tapaaii harule prayog garnu bhaeko chha
They have used	ऊनीहरुले प्रयोग गरेका छन्	Uniharule prayog gareka chhan

PAST TENSE (भूत काल) BHOOT KAAL
SIMPLE PAST (सामान्य भूत) SAAMANYA BHOOT

ENGLISH	NEPALI	TRANSLITERATION
I used	मैले प्रयोग गरें	Maile prayog garen (Nasal)
You used	तैंले प्रयोग गरिस् तिमीले प्रयोग गर्यौ तपाईले प्रयोग गर्नु भयो	(Low Respect) Taile (Nasal) prayog garis (Medium Respect) Timile prayog garyau (High Respect) Tapaaiile prayog garnu bhayo

He/She/It used	ऊसले प्रयोग गर्‍यो उनीले प्रयोग गरिन् त्यसले प्रयोग गर्‍यो	Usle prayog garyo Unile prayog garin Tyasle prayog garyo
We used	हामीले प्रयोग गर्‍यौं	Haamile prayog garyaun (nasal)
You used	तिमीहरुले प्रयोग गर्‍यौ तपाईहरुले प्रयोग गर्नु भयो	(Medium Respect) Timiharule prayog garyau (High Respect) Tapaaiiharule prayog garnu bhayo
They used	ऊनीहरुले प्रयोग गरे	Uniharule prayog gare

PAST CONTINUOUS (अपूर्ण भूत) APURNA BHOOT

ENGLISH	NEPALI	TRANSLITERATION
I was using	म प्रयोग गर्दै थिएँ	Ma prayog gardai thiyen (Nasal)
You were using	तँ प्रयोग गर्दै थिईस् तिमी प्रयोग गर्दै थियौ तपाई प्रयोग गर्दै हुनु हुन्थ्यो	(Low Respect) Ta (Nasal) prayog gardai thiis (Medium Respect) Timi prayog gardai thiyau (High Respect) Tapaaii prayog gardai hunu hunthyo
He/She/It was using	ऊ प्रयोग गर्दै थियो उनी प्रयोग गर्दै थिईन् त्यो प्रयोग गर्दै थियो	U prayog gardai thiyo Uni prayog gardai thiin Tyo prayog gardai thiyo
We were using	हामी प्रयोग गर्दै थियौं	Haami prayog gardai thiyaun (Nasal)
You were using	तिमीहरु प्रयोग गर्दै थियौ तपाईहरु प्रयोग गर्दै हुनु हुन्थ्यो	(Medium Respect) Timiharu prayog gardai thiyau (High Respect) Tapaaii haru prayog gardai hunu hunthyo
They were using	ऊनीहरु प्रयोग गर्दै थिए	Uniharu prayog gardai thiye

PAST PERFECT (पूर्ण भूत) PURNA BHOOT

ENGLISH	NEPALI	TRANSLITERATION
I had used	मैले प्रयोग गरेको थिएँ	Maile prayog gareko thiyen (Nasal)

English	Nepali	Transliteration
You had used	तैंले प्रयोग गरेको थिईस् तिमीले प्रयोग गरेको थियौ तपाईले प्रयोग गर्नु भएको थियो	(Low Respect) Taile (nasal) prayog gareko thiis (Medium Respect) Timile prayog gareko thiyau (High Respect) Tapaaii le prayog garnu bhaeko thiyo
He/She/It had used	ऊसले प्रयोग गरेको थियो ऊनीले प्रयोग गरेकी थिइन् त्यसले प्रयोग गरेको थियो	Usle prayog gareko thiyo Unile prayog gareki thiin Tyasle prayog gareko thiyo
We had used	हामीले प्रयोग गरेका थियौं	Haamile prayog gareka thiyaun (nasal)
You had used	तिमीहरुले प्रयोग गरेका थियौ तपाईहरुले प्रयोग गर्नु भएको थियो	(Medium Respect) Timiharule prayog gareka thiyau (High Respect) Tapaaiiharule prayog garnu bhaeko thiyo
They had used	ऊनीहरुले प्रयोग गरेका थिए	Uniharule prayog gareka thiye

FUTURE TENSE (भबिष्य काल) BHABISHYA KAAL
SIMPLE FUTURE (सामान्य भबिष्य) SAAMANYA BHABISHYA

ENGLISH	NEPALI	TRANSLITERATION
I will use	म प्रयोग गर्ने छु	Ma prayog garne chhu
You will use	तँ प्रयोग गर्ने छस् तिमी प्रयोग गर्ने छौ तपाई प्रयोग गर्नु हुने छ	(Low Respect) Ta (Nasal) prayog garne chhas (Medium Respect) Timi prayog garne chhau (High Respect) Tapaaii prayog garnu hune chha
He/She/It will use	ऊ प्रयोग गर्ने छ ऊनी प्रयोग गर्ने छिन् त्यसले प्रयोग गर्ने छ	U prayog garne chha Uni prayog garne chhin Tyasle prayog garne chha
We will use	हामी प्रयोग गर्ने छौं	Haami prayog garne chhaun *(Nasal)*
You will use	तिमीहरु प्रयोग गर्ने छौ तपाईहरु प्रयोग गर्नु हुने छ	(Medium Respect) Timiharuprayog garne chhau (High Respect) Tapaaii haru prayog garnu hune chha
They will use	ऊनीहरु प्रयोग गर्ने छन्	Uniharu prayog garne chhan

FUTURE CONTINUOUS (अपूर्ण भबिष्य) APURNA BHABISHYA

ENGLISH	NEPALI	TRANSLITERATION
I will be using	म प्रयोग गर्दै हुने छु	Ma prayog gardai hune chhu
You will be using	तँ प्रयोग गर्दै हुने छस् तिमी प्रयोग गर्दै हुने छौ तपाई प्रयोग गर्दै हुनु हुने छ	(Low Respect) Ta (Nasal) prayog gardai hune chhas (Medium Respect) Timi prayog gardai hune chhau (High Respect) Tapaaii prayog gardai hunu hune chha
He/She/It will be using	ऊ प्रयोग गर्दै हुने छ ऊनी प्रयोग गर्दै हुने छिन् त्यसले प्रयोग गर्दै हुने छ	U prayog gardai hune chha Uni prayog gardai hune chhin Tyasle prayog gardai hune chha
We will be using	हामी प्रयोग गर्दै हुने छौं	Haami prayog gardai hune chhaun (Nasal)
You will be using	तिमीहरु प्रयोग गर्दै हुने छौ तपाईहरु प्रयोग गर्दै हुनु हुने छ	(Medium Respect) Timiharu prayog gardai hune chhau (High Respect) Tapaiharu prayog gardai hunu hune chha
They will be using	ऊनीहरु प्रयोग गर्दै हुने छन्	Uniharu prayog gardai hune chhan

FUTURE PERFECT (पूर्ण भबिष्य) PURNA BHABISHYA

ENGLISH	NEPALI	TRANSLITERATION
I will have used	मैले प्रयोग गरेको हुने छु	Maile prayog gareko hune chhu
You will have used	तैंले प्रयोग गरेको हुने छस् तिमीले प्रयोग गरेको हुने छौ तपाईले प्रयोग गरेको हुनु हुने छ	(Low Respect) Taile (Nasal) prayog gareko hune chhas (Medium Respect) Timile prayog gareko hune chhau (High Respect) Tapaaii le prayog gareko hunu hune chha
He/She/It will have used	ऊसले प्रयोग गरेको हुने छ ऊनीले प्रयोग गरेकी हुने छिन् त्यसले प्रयोग गरेको हुने छ	Usle prayog gareko hune chha Unile prayog gareki hune chhin Tyasle prayog gareko hune chha
We will have used	हामीले प्रयोग गरेको हुने छौं	Haamile prayog gareko hune chhaun (Nasal)
You will have used	तिमीहरुले प्रयोग गरेको हुने छौ तपाईहरुले प्रयोग गरेको हुनु हुने छ	Timiharule prayog gareko hune chhau (High Respect) Tapaaii harule prayog gareko hunu hune chha

| They will have used | ऊनीहरुले प्रयोग गरेको हुने छन् | Uniharule prayog gareko hune chhan |

13. To Tell – बताउनु (Bataaunu)

PRESENT TENSE (बर्तमान काल) BARTAMAAN KAAL
SIMPLE PRESENT (सामान्य बर्तमान) SAAMANYA BARTAMAAN

ENGLISH	NEPALI	TRANSLITERATION
I tell	म बताउछु	Ma bataauchhu
You tell	तँ बताउछस् तिमी बताउछौ तपाई बताउनु हुन्छ	(Low Respect) Ta (Nasal) bataauchhas (Medium Respect) Timi bataauchhau (High Respect) Tapaaii bataaunu hunchha
He/She/It tells	ऊ बताउछ ऊनी बताउछिन् त्यसले बताउछ	U bataauchha Uni bataauchhin Tyasle bataauchha
We tell	हामी बताउछौं	Haami bataauchhaun (Nasal)
You tell	तिमीहरु बताउछौ तपाईहरु बताउनु हुन्छ	(Medium Respect) Timiharu bataachhau (High Respect) Tapaaiiharu bataaunu huncha
They tell	ऊनीहरु बताउछन्	Uniharu bataauchhan

PRESENT CONTINUOUS (अपूर्ण बर्तमान) APURNA BARTAMAAN

ENGLISH	NEPALI	TRANSLITERATION
I am telling	म बताउदै छु	Ma bataaudai chhu
You are telling	तँ बताउदै छस् तिमी बताउदै छौ तपाई बताउदै हुनु हुन्छ	(Low Respect) Ta (Nasal) bataaudai chhas (Medium Respect) Timi bataaudai chhau (High Respect) Tapaaii bataaudai hunu huncha
He/She/It is telling	ऊ बताउदै छ ऊनी बताउदै छिन् त्यसले बताउदै छ	U bataaudai chha Uni bataaudai chhin Tyasle bataaudai chha
We are telling	हामी बताउदै छौं	Haami bataaudai chhaun (Nasal)

You are telling	तिमीहरु बताउदै छौ तपाईहरु बताउदै हुनु हुन्छ	(Medium Respect) Timiharu bataaudai chhau (High Respect) Tapaaiiharu bataaudai hunu huncha
They are telling	ऊनीहरु बताउदै छन्	Uniharu bataaudai chhan

PRESENT PERFECT (पूर्ण बर्तमान) PURNA BARTAMAAN

ENGLISH	NEPALI	TRANSLITERATION
I have told	मैले बताएको छु	Maile bataaeko chhu
You have told	तैंले बताएको छस् तिमीले बताएको छौ तपाईले बताउनु भएको छ	(Low Respect) Taile (Nasal) bataaeko chhas (Medium Respect) Timile bataaeko chhau (High Respect) Tapaile bataaunu bhaeko cha
He/She/It has told	ऊसले बताएको छ ऊनीले बताएकी छिन् त्यसले बताएको छ	Usle bataaeko chha Unile bataaeki chhin Tyasle bataaeko chha
We have told	हामीले बताएका छौं	Haamile bataaeka chhaun (Nasal)
You have told	तिमीहरुले बताएका छौ तपाईहरुले बताउनु भएको छ	(Medium Respect) Timiharule bataaeka chhau (High Respect) Tapaaii harule bataaunu bhaeko chha
They have told	ऊनीहरुले बताएका छन्	Uniharule bataaeka chhan

PAST TENSE (भूत काल) BHOOT KAAL
SIMPLE PAST (सामान्य भूत) SAAMANYA BHOOT

ENGLISH	NEPALI	TRANSLITERATION
I told	मैले बताएँ	Maile bataaen (nasal)
You told	तैंले बताईस् तिमीले बतायौ तपाईले बताउनु भयो	(Low Respect) Taile (Nasal) bataais (Medium Respect) Timile bataayau (High Respect) Tapaaiile bataaunu bhayo

English	Nepali	Transliteration
He/She/It told	ऊसले बतायो ऊनीले बताईन् त्यसले बतायो	Usle bataayo Unile bataain Tyasle bataayo
We told	हामीले बतायौं	Haamile bataayaun (nasal)
You told	तिमीहरूले बतायौ तपाईहरुले बताउनु भयो	(Medium Respect) Timiharule bataayau (High Respect) Tapaiharule bataaunu bhayo
They told	ऊनीहरूले बताए	Uniharule bataae

PAST CONTINUOUS (अपूर्ण भूत) APURNA BHOOT

ENGLISH	NEPALI	TRANSLITERATION
I was telling	म बताउदै थिएँ	Ma bataaudai thiyen (nasal)
You were telling	तँ बताउदै थिईस् तिमी बताउदै थियौ तपाई बताउदै हुनु हुन्थ्यो	(Low Respect) Ta (Nasal) bataaudai thiis (Medium Respect) Timi bataaudai thiyau (High Respect) Tapaaii bataaudai hunu hunthyo
He/She/It was telling	ऊ बताउदै थियो ऊनी बताउदै थिईन् त्यो बताउदै थियो	U bataaudai thiyo Uni bataaudai thiin Tyo bataaudai thiyo
We were telling	हामी बताउदै थियौं	Haami bataaudai thiyaun (nasal)
You were telling	तिमीहरु बताउदै थियौ तपाईहरु बताउदै हुनु हुन्थ्यो	(Medium Respect) Timiharu bataaudai thiyau (High Respect) Tapaaii haru bataaudai hunu hunthyo
They were telling	ऊनीहरु बताउदै थिए	Uniharu bataaudai thiye

PAST PERFECT (पूर्ण भूत) PURNA BHOOT

ENGLISH	NEPALI	TRANSLITERATION
I had told	मैले बताएको थिएँ	Maile bataaeko thiyen
You had told	तैंले बताएको थिईस् तिमीले बताएको थियौ तपाईले बताउनु भएको थियो	(Low Respect) Taile (nasal) bataaeko thiis (Medium Respect) Timile bataaeko thiyau (High Respect) Tapaaii le bataaunu bhaeko thiyo

English	Nepali	Transliteration
He/She/It had told	ऊसले बताएको थियो ऊनीले बताएकी थिइन् त्यसले बताएको थियो	Usle bataaeko thiyo Unile bataaeki thiin Tyasle bataaeko thiyo
We had told	हामीले बताएका थियौं	Haamile bataaeka thiyaun *(nasal)*
You had told	तिमीहरुले बताएका थियौ तपाईहरुले बताउनु भएको थियो	(Medium Respect) Timiharule bataaeka thiyau (High Respect) Tapaaii harule bataaunu bhaeko thiyo
They had told	ऊनीहरुले बताएका थिए	Uniharule bataaeka thiye

FUTURE TENSE (भबिष्य काल) BHABISHYA KAAL
SIMPLE FUTURE (सामान्य भबिष्य) SAAMANYA BHABISHYA

ENGLISH	NEPALI	TRANSLITERATION
I will tell	म बताउने छु	Ma bataaune chhu
You will tell	तँ बताउने छस् तिमी बताउने छौ तपाई बताउनु हुने छ	(Low Respect) Ta (Nasal) bataaune chhas (Medium Respect) Timi bataaune chhau (High Respect) Tapaaii bataaunu hune chha
He/She/It will tell	ऊ बताउने छ ऊनी बताउने छिन् त्यसले बताउने छ	U bataaune chha Uni bataaune chhin Tyasle bataaune chha
We will tell	हामी बताउने छौं	Haami bataaune chhaun *(Nasal)*
You will tell	तिमीहरु बताउने छौ तपाईहरु बताउनु हुने छ	(Medium Respect) Timiharu bataaune chhau (High Respect) Tapaaii haru bataaunu hune chha
They will tell	ऊनीहरु बताउने छन्	Uniharu bataaune chhan

FUTURE CONTINUOUS (अपूर्ण भबिष्य) APURNA BHABISHYA

ENGLISH	NEPALI	TRANSLITERATION
I will be telling	म बताउदै हुने छु	Ma bataaudai hune chhu
You will be telling	तँ बताउदै हुने छस् तिमी बताउदै हुने छौ तपाई बताउदै हुनु हुने छ	(Low Respect) Ta (Nasal) bataaudai hune chhas (Medium Respect) Timi bataaudai hune chhau (High Respect) Tapaaii bataaudai hunu hune chha
He/She/It will be telling	ऊ बताउदै हुने छ ऊनी बताउदै हुने छिन् त्यसले बताउदै हुने छ	U bataaudai hune chha Uni bataaudai hune chhin Tyasle bataaudai hune chha
We will be telling	हामी बताउदै हुने छौं	Haami bataaudai hune chhaun (Nasal)
You will be telling	तिमीहरु बताउदै हुने छौ तपाईहरु बताउदै हुनु हुने छ	(Medium Respect) Timiharu bataaudai hune chhau (High Respect) Tapaiharu bataaudai hunu hune chha
They will be telling	ऊनीहरु बताउदै हुने छन्	Uniharu bataaudai hune chhan

FUTURE PERFECT (पूर्ण भबिष्य) PURNA BHABISHYA

ENGLISH	NEPALI	TRANSLITERATION
I will have told	मैले बताएको हुने छु	Maile bataaeko hune chhu
You will have told	तैंले बताएको हुने छस् तिमीले बताएको हुने छौ तपाईले बताएको हुनु हुने छ	(Low Respect) Taile (Nasal) bataaeko hune chhas (Medium Respect) Timile bataaeko hune chhau (High Respect) Tapaaii le bataaeko hunu hune chha
He/She/It will have told	ऊसले बताएको हुने छ ऊनीले बताएकी हुने छिन् त्यसले बताएको हुने छ	Usle bataaeko hune chha Unile bataaeki hune chhin Tyasle bataaeko hune chha
We will have told	हामीले बताएको हुने छौं	Haami le bataaeko hune chhaun (Nasal)
You will have told	तिमीहरुले बताएको हुने छौ तपाईहरुले बताएको हुनु हुने छ	Timiharule bataaeko hune chhau (High Respect) Tapaaii harule bataaeko hunu hune chha
They will have told	ऊनीहरुले बताएको हुने छन्	Uniharule bataaeko hune chhan

14. To Make – बनाउनु (Banaaunu)

PRESENT TENSE (बर्तमान काल) BARTAMAAN KAAL
SIMPLE PRESENT (सामान्य बर्तमान) SAAMANYA BARTAMAAN

ENGLISH	NEPALI	TRANSLITERATION
I make	म बनाउछु	Ma banaauchhu
You make	तँ बनाउछस् तिमी बनाउछौ तपाई बनाउनु हुन्छ	(Low Respect) Ta (Nasal) banaauchhas (Medium Respect) Timi banaauchhau (High Respect) Tapaaii banaaunu hunchha
He/She/It makes	ऊ बनाउछ ऊनी बनाउछिन् त्यसले बनाउछ	U banaauchha Uni banaauchhin Tyasle banaauchha
We make	हामी बनाउछौं	Haami banaauchhaun (Nasal)
You make	तिमीहरु बनाउछौ तपाईहरु बनाउनु हुन्छ	(Medium Respect) Timiharu banaachhau (High Respect) Tapaaiiharu banaaunu huncha
They make	ऊनीहरु बनाउछन्	Uniharu banaauchhan

PRESENT CONTINUOUS (अपूर्ण बर्तमान) APURNA BARTAMAAN

ENGLISH	NEPALI	TRANSLITERATION
I am making	म बनाउदै छु	Ma banaaudai chhu
You are making	तँ बनाउदै छस् तिमी बनाउदै छौ तपाई बनाउदै हुनु हुन्छ	(Low Respect) Ta (Nasal) banaaudai chhas (Medium Respect) Timi banaaudai chhau (High Respect) Tapaaii banaaudai hunu huncha
He/She/It is making	ऊ बनाउदै छ ऊनी बनाउदै छिन् त्यसले बनाउदै छ	U banaaudai chha Uni banaaudai chhin Tyasle banaaudai chha

We are making	हामी बनाउदै छौं	Haami banaaudai chhaun (Nasal)
You are making	तिमीहरु बनाउदै छौ तपाईहरु बनाउदै हुनु हुन्छ	(Medium Respect) Timiharu banaaudai chhau (High Respect) Tapaaiiharu banaaudai hunu huncha
They are making	ऊनीहरु बनाउदै छन्	Uniharu banaaudai chhan

PRESENT PERFECT (पूर्ण बर्तमान) PURNA BARTAMAAN

ENGLISH	NEPALI	TRANSLITERATION
I have made	मैले बनाएको छु	Maile banaaeko chhu
You have made	तैंले बनाएको छस् तिमीले बनाएका छौ तपाईले बनाउनु भएको छ	(Low Respect) Taile (Nasal) banaaeko chhas (Medium Respect) Timile banaaeka chhau (High Respect) Tapaaiile banaaunu bhaeko cha
He/She/It has made	ऊसले बनाएको छ ऊनीले बनाएकी छिन् त्यसले बनाएको छ	Usle banaaeko chha Unile banaaeki chhin Tyasle banaaeko chha
We have made	हामीले बनाएका छौं	Haamile banaaeka chhaun (Nasal)
You have made	तिमीहरुले बनाएका छौ तपाईहरुले बनाउनु भएको छ	(Medium Respect) Timiharule banaaeka chhau (High Respect) Tapaaii harule banaaunu bhaeko chha
They have made	ऊनीहरुले बनाएका छन्	Uniharule banaaeka chhan

PAST TENSE (भूत काल) BHOOT KAAL
SIMPLE PAST (सामान्य भूत) SAAMANYA BHOOT

ENGLISH	NEPALI	TRANSLITERATION
I made	मैले बनाएँ	Maile banaaen (nasal)
You made	तैंले बनाईस् तिमीले बनायौ तपाईले बनाउनु भयो	(Low Respect) Taile (Nasal) banaais (Medium Respect) Timile banaayau (High Respect) Tapaaiile banaaunu bhayo
He/She/It made	ऊसले बनायो ऊनीले बनाईन् त्यसले बनायो	Usle banaayo Unile banaain Tyasle banaayo

We made	हामीले बनायौं	Haamile banaayaun (nasal)
You made	तिमीहरुले बनायौ तपाईहरुले बनाउनु भयो	(Medium Respect) Timiharule banaayau (High Respect) Tapaiharule banaaunu bhayo
They made	ऊनीहरुले बनाए	Uniharule banaae

PAST CONTINUOUS (अपूर्ण भूत) APURNA BHOOT

ENGLISH	NEPALI	TRANSLITERATION
I was making	म बनाउदै थिएँ	Ma banaaudai thiyen (nasal)
You were making	तँ बनाउदै थिईस् तिमी बनाउदै थियौ तपाई बनाउदै हुनु हुन्थ्यो	(Low Respect) Ta (Nasal) banaaudai thiis (Medium Respect) Timi banaaudai thiyau (High Respect) Tapaaii banaaudai hunu hunthyo
He/She/It was making	ऊ बनाउदै थियो ऊनी बनाउदै थिईन् त्यसले बनाउदै थियो	U banaaudai thiyo Uni banaaudai thiin Tyasle banaaudai thiyo
We were making	हामी बनाउदै थियौं	Haami banaaudai thiyaun (nasal)
You were making	तिमीहरु बनाउदै थियौ तपाईहरु बनाउदै हुनु हुन्थ्यो	(Medium Respect) Timiharu banaaudai thiyau (High Respect) Tapaaii haru banaaudai hunu hunthyo
They were making	ऊनीहरु बनाउदै थिए	Uniharu banaaudai thiye

PAST PERFECT (पूर्ण भूत) PURNA BHOOT

ENGLISH	NEPALI	TRANSLITERATION
I had made	मैले बनाएको थिएँ	Maile banaaeko thiyen (nasal)
You had made	तैंले बनाएको थिईस् तिमीले बनाएको थियौ तपाईले बनाउनु भएको थियो	(Low Respect) Taile (nasal) banaaeko thiis (Medium Respect) Timile banaaeko thiyau (High Respect) Tapaaii le banaaunu bhaeko thiyo
He/She/It had made	ऊसले बनाएको थियो ऊनीले बनाएकी थिईन् त्यसले बनाएको थियो	Usle banaaeko thiyo Unile banaaeki thiin Tyasle banaaeko thiyo

We had made	हामीले बनाएका थियौं	Haamile banaaeka thiyaun (nasal)
You had made	तिमीहरुले बनाएका थियौ तपाईहरुले बनाउनु भएको थियो	(Medium Respect) Timiharule banaaeko thiyau (High Respect) Tapaaiiharule banaaunu bhaeko thiyo
They had made	ऊनीहरुले बनाएका थिए	Uniharule banaaeka thiye

FUTURE TENSE (भबिष्य काल) BHABISHYA KAAL
SIMPLE FUTURE (सामान्य भबिष्य) SAAMANYA BHABISHYA

ENGLISH	NEPALI	TRANSLITERATION
I will make	म बनाउने छु	Ma banaaune chhu
You will make	तँ बनाउने छस् तिमी बनाउने छौ तपाई बनाउनु हुने छ	(Low Respect) Ta (Nasal) banaaune chhas (Medium Respect) Timi banaaune chhau (High Respect) Tapaaii banaaunu hune chha
He/She/It will make	ऊ बनाउने छ ऊनी बनाउने छिन् त्यसले बनाउने छ	U banaaune chha Uni banaaune chhin Tyasle banaaune chha
We will make	हामी बनाउने छौं	Haami banaaune chhaun *(Nasal)*
You will make	तिमीहरु बनाउने छौ तपाईहरु बनाउनु हुने छ	(Medium Respect) Timiharu banaaune chhau (High Respect) Tapaaii haru banaaunu hune chha
They will make	ऊनीहरु बनाउने छन्	Uniharu banaaune chhan

FUTURE CONTINUOUS (अपूर्ण भबिष्य) APURNA BHABISHYA

ENGLISH	NEPALI	TRANSLITERATION
I will be making	म बनाउदै हुने छु	Ma banaaudai hune chhu
You will be making	तँ बनाउदै हुने छस् तिमी बनाउदै हुने छौ तपाई बनाउदै हुनु हुने छ	(Low Respect) Ta (Nasal) banaaudai hune chhas (Medium Respect) Timi banaaudai hune chhau (High Respect) Tapaaii banaaudai hunu hune chha

He/She/It will be making	ऊ बनाउदै हुने छ ऊनी बनाउदै हुने छिन् त्यो बनाउदै हुने छ	U banaaudai hune chha Uni banaaudai hune chhin Tyo banaaudai hune chha
We will be making	हामी बनाउदै हुने छौं	Haami banaaudai hune chhaun (Nasal)
You will be making	तिमीहरु बनाउदै हुने छौ तपाईहरु बनाउदै हुनु हुने छ	(Medium Respect) Timiharu banaaudai hune chhau (High Respect) Tapaiharu banaaudai hunu hune chha
They will be making	ऊनीहरु बनाउदै हुने छन्	Uniharu banaaudai hune chhan

FUTURE PERFECT (पूर्ण भबिष्य) PURNA BHABISHYA

ENGLISH	NEPALI	TRANSLITERATION
I will have made	मैले बनाएको हुने छु	Maile banaaeko hune chhu
You will have made	तैंले बनाएको हुने छस् तिमीले बनाएको हुने छौ तपाईले बनाएको हुनु हुने छ	(Low Respect) Taile (Nasal) banaaeko hune chhas (Medium Respect) Timile banaaeko hune chhau (High Respect) Tapaaii le banaaeko hunu hune chha
He/She/It will have made	ऊसले बनाएको हुने छ ऊनीले बनाएकी हुने छिन् त्यसले बनाएको हुने छ	Usle banaaeko hune chha Unile banaaeki hune chhin Tyasle banaaeko hune chha
We will have made	हामीले बनाएका हुने छौं	Haami le banaaeka hune chhaun (Nasal)
You will have made	तिमीहरुले बनाएका हुने छौ तपाईहरुले बनाएका हुनु हुने छ	Timiharule banaaeka hune chhau (High Respect) Tapaaii harule banaaeka hunu hune chha
They will have made	ऊनीहरुले बनाएका हुने छन्	Uniharule banaaeka hune chhan

15. To Call – बोलाउनु (Bolaaunu)

PRESENT TENSE (बर्तमान काल) BARTAMAAN KAAL

SIMPLE PRESENT (सामान्य बर्तमान) SAAMANYA BARTAMAAN

ENGLISH	NEPALI	TRANSLITERATION
I call	म बोलाउछु	Ma bolaauchhu
You call	तँ बोलाउछस् तिमी बोलाउछौ तपाई बोलाउनु हुन्छ	(Low Respect) Ta (Nasal) bolaauchhas (Medium Respect) Timi bolaauchhau (High Respect) Tapaaii bolaaunu hunchha
He/She/It calls	ऊ बोलाउछ ऊनी बोलाउछिन् त्यसले बोलाउछ	U bolaauchha Uni bolaauchhin Tyasle bolaauchha
We call	हामी बोलाउछौं	Haami bolaauchhaun (Nasal)
You call	तिमीहरु बोलाउछौ तपाईहरु बोलाउनु हुन्छ	(Medium Respect) Timiharu bolaachhau (High Respect) Tapaaiiharu bolaaunu huncha
They call	ऊनीहरु बोलाउछन्	Uniharu bolaauchhan

PRESENT CONTINUOUS (अपूर्ण बर्तमान) APURNA BARTAMAAN

ENGLISH	NEPALI	TRANSLITERATION
I am calling	म बोलाउदै छु	Ma bolaaundai chhu
You are calling	तँ बोलाउदै छस् तिमी बोलाउदै छौ तपाई बोलाउदै हुनु हुन्छ	(Low Respect) Ta (Nasal) bolaaundai chhas (Medium Respect) Timi bolaaundai chhau (High Respect) Tapaaii bolaaundai hunu huncha
He/She/It is calling	ऊ बोलाउदै छ ऊनी बोलाउदै छिन् त्यसले बोलाउदै छ	U bolaaundai chha Uni bolaaundai chhin Tyasle bolaaundai chha
We are calling	हामी बोलाउदै छौं	Haami bolaaundai chhaun (Nasal)

You are calling	तिमीहरु बोलाउदै छौ तपाईहरु बोलाउदै हुनु हुन्छ	(Medium Respect) Timiharu bolaaundai chhau (High Respect) Tapaaiiharu bolaaundai hunu huncha
They are calling	ऊनीहरु बोलाउदै छन्	Uniharu bolaaundai chhan

PRESENT PERFECT (पूर्ण बर्तमान) PURNA BARTAMAAN

ENGLISH	NEPALI	TRANSLITERATION
I have called	मैले बोलाएको छु	Maile bolaaeko chhu
You have called	तैंले बोलाएको छस् तिमीले बोलाएका छौ तपाईले बोलाउनु भएको छ	(Low Respect) Taile (Nasal) bolaaeko chhas (Medium Respect) Timile bolaaeka chhau (High Respect) Tapaile bolaaunu bhaeko cha
He/She/It has called	ऊसले बोलाएको छ ऊनीले बोलाएकी छिन् त्यसले बोलाएको छ	Usle bolaaeko chha Unile bolaaeki chhin Tyasle bolaaeko chha
We have called	हामीले बोलाएका छौं	Haamile bolaaeka chhaun (Nasal)
You have called	तिमीहरुले बोलाएका छौ तपाईहरुले बोलाउनु भएको छ	(Medium Respect) Timiharule bolaaeka chhau (High Respect) Tapaaii harule bolaaunu bhaeko chha
They have called	ऊनीहरुले बोलाएका छन्	Uniharule bolaaeka chhan

PAST TENSE (भूत काल) BHOOT KAAL
SIMPLE PAST (सामान्य भूत) SAAMANYA BHOOT

ENGLISH	NEPALI	TRANSLITERATION
I called	मैले बोलाएँ	Maile bolaaen (nasal)
You called	तैंले बोलाईस् तिमीले बोलायौ तपाईले बोलाउनु भयो	(Low Respect) Taile (Nasal) bolaais (Medium Respect) Timile bolaayau (High Respect) Tapaaiile bolaaunu bhayo

He/She/It called	ऊसले बोलायो	Usle bolaayo
	ऊनीले बोलाईन्	Unile bolaain
	त्यसले बोलायो	Tyasle bolaayo
We called	हामीले बोलायौं	Haamile bolaayaun (nasal)
You called	तिमीहरुले बोलायौ	(Medium Respect) Timiharule bolaayau
	तपाईहरुले बोलाउनु भयो	(High Respect) Tapaaiiharule bolaaunu bhayo
They called	ऊनीहरुले बोलाए	Uniharule bolaae

PAST CONTINUOUS (अपूर्ण भूत) APURNA BHOOT

ENGLISH	NEPALI	TRANSLITERATION
I was calling	म बोलाउदै थिएँ	Ma bolaaundai thiyen (nasal)
You were calling	तँ बोलाउदै थिईस्	(Low Respect) Ta (Nasal) bolaaundai thiis
	तिमी बोलाउदै थियौ	(Medium Respect) Timi bolaaundai thiyau
	तपाई बोलाउदै हुनु हुन्थ्यो	(High Respect) Tapaaii bolaaundai hunu hunthyo
He/She/It was calling	ऊ बोलाउदै थियो	U bolaaundai thiyo
	ऊनी बोलाउदै थिईन्	Uni bolaaundai thiin
	त्यो बोलाउदै थियो	Tyo bolaaundai thiyo
We were calling	हामी बोलाउदै थियौं	Haami bolaaundai thiyaun (nasal)
You were calling	तिमीहरु बोलाउदै थियौ	(Medium Respect) Timiharu bolaaundai thiyau
	तपाईहरु बोलाउदै हुनु हुन्थ्यो	(High Respect) Tapaaii haru bolaaundai hunu hunthyo
They were calling	ऊनीहरु बोलाउदै थिए	Uniharu bolaaundai thiye

PAST PERFECT (पूर्ण भूत) PURNA BHOOT

ENGLISH	NEPALI	TRANSLITERATION
I had called	मैले बोलाएको थिएँ	Maile bolaaeko thiyen (nasal)
You had called	तैंले बोलाएको थिईस्	(Low Respect) Taile (nasal) bolaaeko thiis
	तिमीले बोलाएको थियौ	(Medium Respect) Timile bolaaeko thiyau
	तपाईले बोलाउनु भएको थियो	(High Respect) Tapaaii le bolaaunu bhaeko thiyo

He/She/It had called	ऊसले बोलाएको थियो ऊनीले बोलाएकी थिइन् त्यसले बोलाएको थियो	Usle bolaaeko thiyo Unile bolaaeki thiin Tyasle bolaaeko thiyo
We had called	हामीले बोलाएका थियौं	Haamile bolaaeka thiyaun (nasal)
You had called	तिमीहरुले बोलाएका थियौ तपाईहरुले बोलाउनु भएको थियो	(Medium Respect) Timiharule bolaaeko thiyau (High Respect) Tapaaiiharule bolaaunu bhaeko thiyo
They had called	ऊनीहरुले बोलाएका थिए	Uniharule bolaaeka thiye

FUTURE TENSE (भबिष्य काल) BHABISHYA KAAL
SIMPLE FUTURE (सामान्य भबिष्य) SAAMANYA BHABISHYA

ENGLISH	NEPALI	TRANSLITERATION
I will call	म बोलाउने छु	Ma bolaaune chhu
You will call	तँ बोलाउने छस् तिमी बोलाउने छौ तपाई बोलाउनु हुने छ	(Low Respect) Ta (Nasal) bolaaune chhas (Medium Respect) Timi bolaaune chhau (High Respect) Tapaaii bolaaunu hune chha
He/She/It will call	ऊ बोलाउने छ ऊनी बोलाउने छिन् त्यसले बोलाउने छ	U bolaaune chha Uni bolaaune chhin Tyasle bolaaune chha
We will call	हामी बोलाउने छौं	Haami bolaaune chhaun (Nasal)
You will call	तिमीहरु बोलाउने छौ तपाईहरु बोलाउनु हुने छ	(Medium Respect) Timiharu bolaaune chhau (High Respect) Tapaaii haru bolaaunu hune chha
They will call	ऊनीहरु बोलाउने छन्	Uniharu bolaaune chhan

FUTURE CONTINUOUS (अपूर्ण भबिष्य) APURNA BHABISHYA

ENGLISH	NEPALI	TRANSLITERATION
I will be calling	म बोलाउदै हुने छु	Ma bolaaundai hune chhu
You will be calling	तँ बोलाउदै हुने छस् तिमी बोलाउदै हुने छौ तपाई बोलाउदै हुनु हुने छ	(Low Respect) Ta (Nasal) bolaaundai hune chhas (Medium Respect) Timi bolaaundai hune chhau

English	Nepali	Transliteration
		(High Respect) Tapaaii bolaaundai hunu hune chha
He/She/It will be calling	ऊ बोलाउदै हुने छ ऊनी बोलाउदै हुने छिन् त्यसले बोलाउदै हुने छ	U bolaaundai hune chha Uni bolaaundai hune chhin Tyasle bolaaundai hune chha
We will be calling	हामी बोलाउदै हुने छौं	Haami bolaaundai hune chhaun (Nasal)
You will be calling	तिमीहरु बोलाउदै हुने छौ तपाईहरु बोलाउदै हुनु हुने छ	(Medium Respect) Timiharu bolaaundai hune chhau (High Respect) Tapaiharu bolaaundai hunu hune chha
They will be calling	ऊनीहरु बोलाउदै हुने छन्	Uniharu bolaaundai hune chhan

FUTURE PERFECT (पूर्ण भविष्य) PURNA BHABISHYA

ENGLISH	NEPALI	TRANSLITERATION
I will have called	मैले बोलाएको हुने छु	Maile bolaaeko hune chhu
You will have called	तैंले बोलाएको हुने छस् तिमीले बोलाएको हुने छौ तपाईले बोलाएको हुनु हुने छ	(Low Respect) Taile (Nasal) bolaaeko hune chhas (Medium Respect) Timile bolaaeko hune chhau (High Respect) Tapaaii le bolaaeko hunu hune chha
He/She/It will have called	ऊसले बोलाएको हुने छ ऊनीले बोलाएकी हुने छिन् त्यसले बोलाएको हुने छ	Usle bolaaeko hune chha Unile bolaaeki hune chhin Tyasle bolaaeko hune chha
We will have called	हामीले बोलाएको हुने छौं	Haami le bolaaeko hune chhaun (Nasal)
You will have called	तिमीहरुले बोलाएको हुने छौ तपाईहरुले बोलाएको हुनु हुने छ	Timiharule bolaaeko hune chhau (High Respect) Tapaaii harule bolaaeko hunu hune chha
They will have called	ऊनीहरुले बोलाएको हुने छन्	Uniharule bolaaeko hune chhan

16. To Say – भन्नु (Bhannu)

PRESENT TENSE (बर्तमान काल) BARTAMAAN KAAL
SIMPLE PRESENT (सामान्य बर्तमान) SAAMANYA BARTAMAAN

ENGLISH	NEPALI	TRANSLITERATION
I say	म भन्छु	Ma bhanchhu
You say	तँ भन्छस् तिमी भन्छौ तपाई भन्नु हुन्छ	(Low Respect) Ta (Nasal) bhanchhas (Medium Respect) Timi (High Respect) Tapaaii bhannu huncha
He/She/It says	ऊ भन्छ ऊनी भन्छिन् त्यसले भन्छ	U bhanchha Uni bhanchhin Tyasle bhanchha
We say	हामी भन्छौं	Haami bhanchhaun (Nasal)
You say	तिमीहरु भन्छौ तपाईहरु भन्नु हुन्छ	(Medium Respect) Timiharu bhanchhau (High Respect) Tapaaiiharu bhannu huncha
They say	ऊनीहरु भन्छन्	Uniharu bhanchhan

PRESENT CONTINUOUS (अपूर्ण बर्तमान) APURNA BARTAMAAN

ENGLISH	NEPALI	TRANSLITERATION
I am saying	म भन्दै छु	Ma bhandai chhu
You are saying	तँ भन्दै छस् तिमी भन्दै छौ तपाई भन्दै हुनु हुन्छ	(Low Respect) Ta (Nasal) bhandai chhas (Medium Respect) Timi bhandai chhau (High Respect) Tapaaii bhandai hunu huncha
He/She/It is saying	ऊ भन्दै छ ऊनी भन्दै छिन् त्यसले भन्दै छ	U bhandai chha Uni bhandai chhin Tyasle bhandai chha
We are saying	हामी भन्दै छौं	Haami bhandai chhaun (Nasal)

You are saying	तिमीहरु भन्दै छौ तपाईहरु भन्दै हुनु हुन्छ	(Medium Respect) Timiharu bhandai chhau (High Respect) Tapaaiiharu bhandai hunu huncha
They are saying	ऊनीहरु भन्दै छन्	Uniharu bhandai chhan

PRESENT PERFECT (पूर्ण बर्तमान) PURNA BARTAMAAN

ENGLISH	NEPALI	TRANSLITERATION
I have said	मैले भनेको छु	Maile bhaneko chhu
You have said	तैंले भनेको छस् तिमीले भनेको छौ तपाईले भन्नु भएको छ	(Low Respect) Taile (Nasal) bhaneko chhas (Medium Respect) Timile bhaneka chhau (High Respect) Ta (Nasal)paile bhannu bhaeko cha
He/She/It has said	ऊसले भनेको छ ऊनीले भनेकी छिन् त्यसले भनेको छ	Usle bhaneko chha Unile bhaneki chhin Tyasle bhaneko chha
We have said	हामीले भनेका छौं	Haamile bhaneka chhaun (Nasal)
You have said	तिमीहरुले भनेका छौ तपाईहरुले भन्नु भएको छ	(Medium Respect) Timiharule bhaneka chhau (High Respect) Tapaaii harule bhannu bhaeko chha
They have said	ऊनीहरुले भनेका छन्	Uniharule bhaneka chhan

PAST TENSE (भूत काल) BHOOT KAAL
SIMPLE PAST (सामान्य भूत) SAAMANYA BHOOT

ENGLISH	NEPALI	TRANSLITERATION
I said	मैले भनें	Maile bhanen (nasal)
You said	तैंले भनिस् तिमीले भन्यौ तपाईले भन्नु भयो	(Low Respect) Taile (Nasal) bhanis (Medium Respect) Timile bhanyau (High Respect) Tapaaiile bhannu bhayo
He/She/It said	ऊसले भन्यो ऊनीले भनिन् त्यसले भन्यो	Usle bhanyo Unile bhanin Tyasle bhanyo

We said	हामीले भन्यौं	Haamile bhanyaun (nasal)
You said	तिमीहरुले भन्यौ तपाईहरुले भन्नु भयो	(Medium Respect) Timiharule bhanyau (High Respect) Tapaiharule bhannu bhayo
They said	ऊनीहरुले भने	Uniharule bhane

PAST CONTINUOUS (अपूर्ण भूत) APURNA BHOOT

ENGLISH	NEPALI	TRANSLITERATION
I was saying	म भन्दै थिएँ	Ma bhandai thiyen (nasal)
You were saying	तँ भन्दै थिईस् तिमी भन्दै थियौ तपाई भन्दै हुनु हुन्थ्यो	(Low Respect) Ta (Nasal) bhandai thiis (Medium Respect) Timi bhandai thiyau (High Respect) Tapaaii bhandai hunu hunthyo
He/She/It was saying	ऊ भन्दै थियो ऊनी भन्दै थिईन् त्यो भन्दै थियो	U bhandai thiyo Uni bhandai thiin Tyo bhandai thiyo
We were saying	हामी भन्दै थियौं	Haami bhandai thiyaun (nasal)
You were saying	तिमीहरु भन्दै थियौ तपाईहरु भन्दै हुनु हुन्थ्यो	(Medium Respect) Timiharu bhandai thiyau (High Respect) Tapaaii haru bhandai hunu hunthyo
They were saying	ऊनीहरु भन्दै थिए	Uniharu bhandai thiye

PAST PERFECT (पूर्ण भूत) PURNA BHOOT

ENGLISH	NEPALI	TRANSLITERATION
I had said	मैले भनेको थिएँ	Maile bhaneko thiyen
You had said	तैंले भनेको थिईस् तिमीले भनेको थियौ तपाईले भन्नु भएको थियो	(Low Respect) Taile (nasal) bhaneko thiis (Medium Respect) Timile bhaneko thiyau (High Respect) Tapaaii le bhannu bhaeko thiyo
He/She/It had said	ऊसले भनेको थियो ऊनीले भनेकी थिईन् त्यसले भनेको थियो	Usle bhaneko thiyo Unile bhaneki thiin Tyasle bhaneko thiyo

We had said	हामीले भनेका थियौं	Haamile bhaneka thiyaun (nasal)
You had said	तिमीहरुले भनेका थियौ तपाईहरुले भन्नु भएको थियो	(Medium Respect) Timiharule bhaneko thiyau (High Respect) Tapaaiiharule bhannu bhaeko thiyo
They had said	ऊनीहरुले भनेका थिए	Uniharule bhaneka thiye

FUTURE TENSE (भबिष्य काल) BHABISHYA KAAL
SIMPLE FUTURE (सामान्य भबिष्य) SAAMANYA BHABISHYA

ENGLISH	NEPALI	TRANSLITERATION
I will say	म भन्ने छु	Ma bhanne chhu
You will say	तँ भन्ने छस् तिमी भन्ने छौ तपाई भन्नु हुने छ	(Low Respect) Ta (Nasal) bhanne chhas (Medium Respect) Timi bhanne chhau (High Respect) Tapaaii bhannu hune chha
He/She/It will say	ऊ भन्ने छ ऊनी भन्ने छिन् त्यसले भन्ने छ	U bhanne chha Uni bhanne chhin Tyasle bhanne chha
We will say	हामी भन्ने छौं	Haami bhanne chhaun *(Nasal)*
You will say	तिमीहरु भन्ने छौ तपाईहरु भन्नु हुने छ	(Medium Respect) Timiharu bhanne chhau (High Respect) Tapaaii haru bhannu hune chha
They will say	ऊनीहरु भन्ने छन्	Uniharu bhanne chhan

FUTURE CONTINUOUS (अपूर्ण भबिष्य) APURNA BHABISHYA

ENGLISH	NEPALI	TRANSLITERATION
I will be saying	म भन्दै हुने छु	Ma bhandai hune chhu
You will be saying	तँ भन्दै हुने छस् तिमी भन्दै हुने छौ तपाई भन्दै हुनु हुने छ	(Low Respect) Ta (Nasal) bhandai hune chhas (Medium Respect) Timi bhandai hune chhau (High Respect) Tapaaii bhandai hunu hune chha

He/She/It will be saying	ऊ भन्दै हुने छ ऊनी भन्दै हुने छिन् त्यो भन्दै हुने छ	U bhandai hune chha Uni bhandai hune chhin Tyo bhandai hune chha
We will be saying	हामी भन्दै हुने छौं	Haami bhandai hune chhaun (Nasal)
You will be saying	तिमीहरु भन्दै हुने छौ तपाईहरु भन्दै हुनु हुने छ	(Medium Respect) Timiharu bhandai hune chhau (High Respect) Tapaaiiharu bhandai hunu hune chha
They will be saying	ऊनीहरु भन्दै हुने छन्	Uniharu bhandai hune chhan

FUTURE PERFECT (पूर्ण भबिष्य) PURNA BHABISHYA

ENGLISH	NEPALI	TRANSLITERATION
I will have said	मैले भनेको हुने छु	Maile bhaneko hune chhu
You will have said	तैंले भनेको हुने छस् तिमीले भनेको हुने छौ तपाईले भनेको हुनु हुने छ	(Low Respect) Taile (Nasal) bhaneko hune chhas (Medium Respect) Timile bhaneko hune chhau (High Respect) Tapaaii le bhaneko hunu hune chha
He/She/It will have said	ऊसले भनेको हुने छ ऊनीले भनेकी हुने छिन् त्यसले भनेको हुने छ	Usle bhaneko hune chha Unile bhaneki hune chhin Tyasle bhaneko hune chha
We will have said	हामीले भनेको हुने छौं	Haami le bhaneko hune chhaun (Nasal)
You will have said	तिमीहरुले भनेको हुने छौ तपाईहरुले भनेको हुनु हुने छ	Timiharule bhaneko hune chhau (High Respect) Tapaaii harule bhaneko hunu hune chha
They will have said	ऊनीहरुले भनेको हुने छन्	Uniharule bhaneko hune chhan

17. To Take – लिनु (Linu)

PRESENT TENSE (बर्तमान काल) BARTAMAAN KAAL
SIMPLE PRESENT (सामान्य बर्तमान) SAAMANYA BARTAMAAN

ENGLISH	NEPALI	TRANSLITERATION
I take	म लिन्छु	Ma linchhu
You take	तँ लिन्छस् तिमी लिन्छौ तपाई लिनु हुन्छ	(Low Respect) Ta (Nasal) linchhas (Medium Respect) Timi linchhau (High Respect) Tapaaii linu hunchha
He/She/It takes	ऊ लिन्छ ऊनी लिन्छिन् त्यसले लिन्छ	U linchha Uni linchhin Tyasle linchha
We take	हामी लिन्छौं	Haami linchhaun (Nasal)
You take	तिमीहरु लिन्छौ तपाईहरु लिनु हुन्छ	(Medium Respect) Timiharu linchhau (High Respect) Tapaaiiharu linu huncha
They take	ऊनीहरु लिन्छन्	Uniharu linchhan

PRESENT CONTINUOUS (अपूर्ण बर्तमान) APURNA BARTAMAAN

ENGLISH	NEPALI	TRANSLITERATION
I am taking	म लिंदै छु	Ma lidai chhu
You are taking	तँ लिंदै छस् तिमी लिंदै छौ तपाई लिंदै हुनु हुन्छ	(Low Respect) Ta (Nasal) lidai chhas (Medium Respect) Timi lidai chhau (High Respect) Tapaaii lidai hunu huncha
He/She/It is taking	ऊ लिंदै छ ऊनी लिंदै छिन् त्यसले लिंदै छ	U lidai chha Uni lidai chhin Tyasle lidai chha
We are taking	हामी लिंदै छौं	Haami lidai chhaun (Nasal)

You are taking	तिमीहरु लिंदै छौ तपाईहरु लिंदै हुनु हुन्छ	(Medium Respect) Timiharu lidai chhau (High Respect) Tapaaiiharu lidai hunu huncha
They are taking	ऊनीहरु लिंदै छन्	Uniharu lidai chhan

PRESENT PERFECT (पूर्ण बर्तमान) PURNA BARTAMAAN

ENGLISH	NEPALI	TRANSLITERATION
I have taken	मैले लिएको छु	Maile lieko chhu
You have taken	तैंले लिएको छस् तिमीले लिएको छौ तपाईले लिनु भएको छ	(Low Respect) Taile (Nasal) lieko chhas (Medium Respect) Timile lieko chhau (High Respect) Tapaaiile linu bhaeko cha
He/She/It has taken	ऊसले लिएको छ ऊनीले लिएकी छिन् त्यसले लिएको छ	Usle lieko chha Unile lieki chhin Tyasle lieko chha
We have taken	हामीले लिएका छौं	Haamile lieka chhaun (Nasal)
You have taken	तिमीहरुले लिएका छौ तपाईहरुले लिनु भएको छ	(Medium Respect) Timiharule lieka chhau (High Respect) Tapaaii harule linu bhaeko chha
They have taken	ऊनीहरुले लिएका छन्	Uniharule lieka chhan

PAST TENSE (भूत काल) BHOOT KAAL
SIMPLE PAST (सामान्य भूत) SAAMANYA BHOOT

ENGLISH	NEPALI	TRANSLITERATION
I took	मैले लिएँ	Maile lien (Nasal)
You took	तैंले लिईस् तिमीले लियौ तपाईले लिनु भयो	(Low Respect) Taile (Nasal) liis (Medium Respect) Timile liyau (High Respect) Tapaaiile linu bhayo
He/She/It took	ऊसले लियो ऊनीले लिईन् त्यसले लियो	Usle liyo Unile liin Tyasle liyo
We took	हामीले लियौं	Haamile liyaun (nasal)

You took	तिमीहरुले लियौ तपाईहरुले लिनु भयो	(Medium Respect) Timiharule liyau (High Respect) Tapaiharule linu bhayo
They took	ऊनीहरुले लिए	Uniharule lie

PAST CONTINUOUS (अपूर्ण भूत) APURNA BHOOT

ENGLISH	NEPALI	TRANSLITERATION
I was taking	म लिंदै थिएँ	Ma lidai thiyen (nasal)
You were taking	तँ लिंदै थिईस् तिमी लिंदै थियौ तपाई लिंदै हुनु हुन्थ्यो	(Low Respect) Ta (Nasal) lidai thiis (Medium Respect) Timi lidai thiyau (High Respect) Tapaaii lidai hunu hunthyo
He/She/It was taking	ऊ लिंदै थियो ऊनी लिंदै थिईन् त्यसले लिंदै थियो	U lidai thiyo Uni lidai thiin Tyasle lidai thiyo
We were taking	हामी लिंदै थियौं	Haami lidai thiyaun (nasal)
You were taking	तिमीहरु लिंदै थियौ तपाईहरु लिंदै हुनु हुन्थ्यो	(Medium Respect) Timiharu lidai thiyau (High Respect) Tapaaii haru lidai hunu hunthyo
They were taking	ऊनीहरु लिंदै थिए	Uniharu lidai thiye

PAST PERFECT (पूर्ण भूत) PURNA BHOOT

ENGLISH	NEPALI	TRANSLITERATION
I had taken	मैले लिएको थिएँ	Maile lieko thiyen (nasal)
You had taken	तैंले लिएको थिईस् तिमीले लिएको थियौ तपाईले लिनु भएको थियो	(Low Respect) Taile (nasal) lieko thiis (Medium Respect) Timile lieko thiyau (High Respect) Tapaaiile linu bhaeko thiyo
He/She/It had taken	ऊसले लिएको थियो ऊनीले लिएकी थिईन् त्यसले लिएको थियो	Usle lieko thiyo Unile lieki thiin Tyasle lieko thiyo
We had taken	हामीले लिएका थियौं	Haamile lieka thiyaun (nasal)

| You had taken | तिमीहरुले लिएका थियौ
तपाईहरुले लिनु भएको थियो | (Medium Respect) Timiharule lieko thiyau
(High Respect) Tapaaiiharule linu bhaeko thiyo |
| They had taken | ऊनीहरुले लिएका थिए | Uniharule lieka thiye |

FUTURE TENSE (भबिष्य काल) BHABISHYA KAAL
SIMPLE FUTURE (सामान्य भबिष्य) SAAMANYA BHABISHYA

ENGLISH	NEPALI	TRANSLITERATION
I will take	म लिने छु	Ma line chhu
You will take	तँ लिने छस् तिमी लिने छौ तपाई लिनु हुने छ	(Low Respect) Ta (Nasal) line chhas (Medium Respect) Timi line chhau (High Respect) Tapaaii linu hune chha
He/She/It will take	ऊ लिने छ ऊनी लिने छिन् त्यसले लिने छ	U line chha Uni line chhin Tyasle line chha
We will take	हामी लिने छौं	Haami line chhaun *(Nasal)*
You will take	तिमीहरु लिने छौ तपाईहरु लिनु हुने छ	(Medium Respect) Timiharu line chhau (High Respect) Tapaaii haru linu hune chha
They will take	ऊनीहरु लिने छन्	Uniharu line chhan

FUTURE CONTINUOUS (अपूर्ण भबिष्य) APURNA BHABISHYA

ENGLISH	NEPALI	TRANSLITERATION
I will be taking	म लिंदै हुने छु	Ma lidai hune chhu
You will be taking	तँ लिंदै हुने छस् तिमी लिंदै हुने छौ तपाई लिंदै हुनु हुने छ	(Low Respect) Ta (Nasal) lidai hune chhas (Medium Respect) Timi lidai hune chhau (High Respect) Tapaaii lidai hunu hune chha
He/She/It will be taking	ऊ लिंदै हुने छ ऊनी लिंदै हुने छिन् त्यसले लिंदै हुने छ	U lidai hune chha Uni lidai hune chhin Tyasle lidai hune chha

English	Nepali	Transliteration
We will be taking	हामी लिंदै हुने छौं	Haami lidai hune chhaun (Nasal)
You will be taking	तिमीहरु लिंदै हुने छौ तपाईहरु लिंदै हुनु हुने छ	(Medium Respect) Timiharu lidai hune chhau (High Respect) Tapaiharu lidai hunu hune chha
They will be taking	ऊनीहरु लिंदै हुने छन्	Uniharu lidai hune chhan

FUTURE PERFECT (पूर्ण भबिष्य) PURNA BHABISHYA

ENGLISH	NEPALI	TRANSLITERATION
I will have taken	मैले लिएको हुने छु	Maile lieko hune chhu
You will have taken	तैंले लिएको हुने छस् तिमीले लिएको हुने छौ तपाईले लिएको हुनु हुने छ	(Low Respect) Taile (Nasal) lieko hune chhas (Medium Respect) Timile lieko hune chhau (High Respect) Tapaaii le lieko hunu hune chha
He/She/It will have taken	ऊसले लिएको हुने छ ऊनीले लिएकी हुने छिन् त्यसले लिएको हुने छ	Usle lieko hune chha Unile lieki hune chhin Tyasle lieko hune chha
We will have taken	हामीले लिएको हुने छौं	Haami le lieko hune chhaun (Nasal)
You will have taken	तिमीहरुले लिएको हुने छौ तपाईहरुले लिएको हुनु हुने छ	Timiharule lieko hune chhau (High Respect) Tapaaii harule lieko hunu hune chha
They will have taken	ऊनीहरुले लिएको हुने छन्	Uniharule lieko hune chhan

18. To Think – सोच्नु (Sochu)

PRESENT TENSE (बर्तमान काल) BARTAMAAN KAAL

SIMPLE PRESENT (सामान्य बर्तमान) SAAMANYA BARTAMAAN

ENGLISH	NEPALI	TRANSLITERATION
I think	म सोच्छु	Ma sochchhu
You think	तँ सोच्छस् तिमी सोच्छौ तपाई सोच्नु हुन्छ	(Low Respect) Ta (Nasal) sochchhas (Medium Respect) Timi sochchhau (High Respect) Tapaaii sochnu hunchha
He/She/It thinks	ऊ सोच्छ उनी सोच्छिन् त्यसले सोच्छ	U sochchha Uni sochchhin Tyasle sochchha
We think	हामी सोच्छौं	Haami sochchhaun (Nasal)
You think	तिमीहरु सोच्छौ तपाईहरु सोच्नु हुन्छ	(Medium Respect) Timiharu sochchhau (High Respect) Tapaaiiharu sochnu huncha
They think	ऊनीहरु सोच्छन्	Uniharu sochchhan

PRESENT CONTINUOUS (अपूर्ण बर्तमान) APURNA BARTAMAAN

ENGLISH	NEPALI	TRANSLITERATION
I am thinking	म सोच्दै छु	Ma sochdai chhu
You are thinking	तँ सोच्दै छस् तिमी सोच्दै छौ तपाई सोच्दै हुनु हुन्छ	(Low Respect) Ta (Nasal) sochdai chhas (Medium Respect) Timi sochdai chhau (High Respect) Tapaaii sochdai hunu huncha
He/She/It is thinking	ऊ सोच्दै छ ऊनी सोच्दै छिन् त्यसले सोच्दै छ	U sochdai chha Uni sochdai chhin Tyasle sochdai chha
We are thinking	हामी सोच्दै छौं	Haami sochdai chhaun (Nasal)

You are thinking	तिमीहरु सोच्दै छौ तपाईहरु सोच्दै हुनु हुन्छ	(Medium Respect) Timiharu sochdai chhau (High Respect) Tapaaiiharu sochdai hunu huncha
They are thinking	ऊनीहरु सोच्दै छन्	Uniharu sochdai chhan

PRESENT PERFECT (पूर्ण बर्तमान) PURNA BARTAMAAN

ENGLISH	NEPALI	TRANSLITERATION
I have thought	मैले सोचेको छु	Maile socheko chhu
You have thought	तैंले सोचेको छस् तिमीले सोचेका छौ तपाईले सोच्नु भएको छ	(Low Respect) Taile (Nasal) socheko chhas (Medium Respect) Timile socheka chhau (High Respect) Tapaile sochnu bhaeko cha
He/She/It has thought	ऊसले सोचेको छ ऊनीले सोचेकी छिन् त्यसले सोचेको छ	Usle socheko chha Unile socheki chhin Tyasle socheko chha
We have thought	हामीले सोचेका छौं	Haamile socheka chhaun (Nasal)
You have thought	तिमीहरुले सोचेका छौ तपाईहरुले सोच्नु भएको छ	(Medium Respect) Timiharule socheka chhau (High Respect) Tapaaii harule sochnu bhaeko chha
They have thought	ऊनीहरुले सोचेका छन्	Uniharule socheka chhan

PAST TENSE (भूत काल) BHOOT KAAL
SIMPLE PAST (सामान्य भूत) SAAMANYA BHOOT

ENGLISH	NEPALI	TRANSLITERATION
I thought	मैले सोचें	Maile sochen (nasal)
You thought	तैंले सोचिस् तिमीले सोच्यौ तपाईले सोच्नु भयो	(Low Respect) Taile (Nasal) sochis (Medium Respect) Timile sochyau (High Respect) Tapaaiile sochnu bhayo
He/She/It thought	ऊसले सोच्यो ऊनीले सोचिन् त्यसले सोच्यो	Usle sochyo Unile sochin Tyasle sochyo
We thought	हामीले सोच्यौं	Haamile sochyaun (nasal)

You thought	तिमीहरुले सोच्यौ तपाईहरुले सोच्नु भयो	(Medium Respect) Timiharule sochyau (High Respect) Tapaiharule sochnu bhayo
They thought	ऊनीहरुले सोचे	Uniharule soche

PAST CONTINUOUS (अपूर्ण भूत) APURNA BHOOT

ENGLISH	NEPALI	TRANSLITERATION
I was thinking	म सोच्दै थिएँ	Ma sochdai thiyen (nasal)
You were thinking	तँ सोच्दै थिईस् तिमी सोच्दै थियौ तपाई सोच्दै हुनु हुन्थ्यो	(Low Respect) Ta (Nasal) sochdai thiis (Medium Respect) Timi sochdai thiyau (High Respect) Tapaaii sochdai hunu hunthyo
He/She/It was thinking	ऊ सोच्दै थियो ऊनी सोच्दै थिईन् त्यो सोच्दै थियो	U sochdai thiyo Uni sochdai thiin Tyo sochdai thiyo
We were thinking	हामी सोच्दै थियौं	Haami sochdai thiyaun (nasal)
You were thinking	तिमीहरु सोच्दै थियौ तपाईहरु सोच्दै हुनु हुन्थ्यो	(Medium Respect) Timiharu sochdai thiyau (High Respect) Tapaaii haru sochdai hunu hunthyo
They were thinking	ऊनीहरु सोच्दै थिए	Uniharu sochdai thiye

PAST PERFECT (पूर्ण भूत) PURNA BHOOT

ENGLISH	NEPALI	TRANSLITERATION
I had thought	मैले सोचेको थिएँ	Maile socheko thiyen
You had thought	तैंले सोचेको थिईस् तिमीले सोचेको थियौ तपाईले सोच्नु भएको थियो	(Low Respect) Taile (nasal) socheko thiis (Medium Respect) Timile socheko thiyau (High Respect) Tapaaiile sochnu bhaeko thiyo
He/She/It had thought	ऊसले सोचेको थियो ऊनीले सोचेकी थिईन् त्यसले सोचेको थियो	Usle socheko thiyo Unile socheki thiin Tyasle socheko thiyo
We had thought	हामीले सोचेका थियौं	Haamile socheka thiyaun (nasal)

| You had thought | तिमीहरुले सोचेका थियौ
तपाईहरुले सोच्नु भएको थियो | (Medium Respect) Timiharule socheko thiyau
(High Respect) Tapaaiiharule sochnu bhaeko thiyo |
| They had thought | ऊनीहरुले सोचेका थिए | Uniharule socheka thiye |

FUTURE TENSE (भबिष्य काल) BHABISHYA KAAL

SIMPLE FUTURE (सामान्य भबिष्य) SAAMANYA BHABISHYA

ENGLISH	NEPALI	TRANSLITERATION
I will think	म सोच्ने छु	Ma sochne chhu
You will think	तँ सोच्ने छस् तिमी सोच्ने छौ तपाई सोच्नु हुने छ	(Low Respect) Ta (Nasal) sochne chhas (Medium Respect) Timi sochne chhau (High Respect) Tapaaii sochnu hune chha
He/She/It will think	ऊ सोच्ने छ ऊनी सोच्ने छिन् त्यसले सोच्ने छ	U sochne chha Uni sochne chhin Tyasle sochne chha
We will think	हामी सोच्ने छौं	Haami sochne chhaun *(Nasal)*
You will think	तिमीहरु सोच्ने छौ तपाईहरु सोच्नु हुने छ	(Medium Respect) Timiharu sochne chhau (High Respect) Tapaaii haru sochnu hune chha
They will think	ऊनीहरु सोच्ने छन्	Uniharu sochne chhan

FUTURE CONTINUOUS (अपूर्ण भबिष्य) APURNA BHABISHYA

ENGLISH	NEPALI	TRANSLITERATION
I will be thinking	म सोच्दै हुने छु	Ma sochdai hune chhu
You will be thinking	तँ सोच्दै हुने छस् तिमी सोच्दै हुने छौ तपाई सोच्दै हुनु हुने छ	(Low Respect) Ta (Nasal) sochdai hune chhas (Medium Respect) Timi sochdai hune chhau (High Respect) Tapaaii sochdai hunu hune chha
He/She/It will be thinking	ऊ सोच्दै हुने छ ऊनी सोच्दै हुने छिन् त्यसले सोच्दै हुने छ	U sochdai hune chha Uni sochdai hune chhin Tyasle sochdai hune chha

We will be thinking	हामी सोच्दै हुने छौं	Haami sochdai hune chhaun (Nasal)
You will be thinking	तिमीहरु सोच्दै हुने छौ तपाईहरु सोच्दै हुनु हुने छ	(Medium Respect) Timiharu sochdai hune chhau (High Respect) Tapaiharu sochdai hunu hune chha
They will be thinking	ऊनीहरु सोच्दै हुने छन्	Uniharu sochdai hune chhan

FUTURE PERFECT (पूर्ण भबिष्य) PURNA BHABISHYA

ENGLISH	NEPALI	TRANSLITERATION
I will have thought	मैले सोचेको हुने छु	Maile socheko hune chhu
You will have thought	तैंले सोचेको हुने छस् तिमीले सोचेको हुने छौ तपाईले सोचेको हुनु हुने छ	(Low Respect) Taile (Nasal) socheko hune chhas (Medium Respect) Timile socheko hune chhau (High Respect) Tapaaiile socheko hunu hune chha
He/She/It will have thought	ऊसले सोचेको हुने छ ऊनीले सोचेकी हुने छिन् त्यसले सोचेको हुने छ	Usle socheko hune chha Unile socheki hune chhin Tyasle socheko hune chha
We will have thought	हामीले सोचेको हुने छौं	Haami le socheko hune chhaun (Nasal)
You will have thought	तिमीहरुले सोचेको हुने छौ तपाईहरुले सोचेको हुनु हुने छ	Timiharule socheko hune chhau (High Respect) Tapaaii harule socheko hunu hune chha
They will have thought	ऊनीहरुले सोचेको हुने छन्	Uniharule socheko hune chhan

19. To Ask - सोध्नु *(Sodhnu)*

PRESENT TENSE (बर्तमान काल) BARTAMAAN KAAL
SIMPLE PRESENT (सामान्य बर्तमान) SAAMANYA BARTAMAAN

ENGLISH	NEPALI	TRANSLITERATION
I ask	म सोध्छु	Ma sodhchhu
You ask	तँ सोध्छस् तिमी सोध्छौ तपाई सोध्नु हुन्छ	(Low Respect) Ta (Nasal) sodhchhas (Medium Respect) Timi sodhchhau (High Respect) Tapaaii sodhnu huncha
He/She/It asks	उ सोध्छ उनी सोध्छिन् त्यसले सोध्छ	U sodhchha Uni sodhchhin Tyasle sodhchha
We ask	हामी सोध्छौं	Haami sodhchhaun (Nasal)
You ask	तिमीहरु सोध्छौ तपाईहरु सोध्नु हुन्छ	(Medium Respect) Timiharu sodhchhau (High Respect) Tapaaiiharu sodhnu huncha
They ask	उनीहरु सोध्छन्	Uniharu sodhchhan

PRESENT CONTINUOUS (अपूर्ण बर्तमान) APURNA BARTAMAAN

ENGLISH	NEPALI	TRANSLITERATION
I am asking	म सोध्दै छु	Ma sodhdai chhu
You are asking	तँ सोध्दै छस् तिमी सोध्दै छौ तपाई सोध्दै हुनु हुन्छ	(Low Respect) Ta (Nasal) sodhdai chhas (Medium Respect) Timi sodhdai chhau (High Respect) Tapaaii sodhdai hunu huncha
He/She/It is asking	उ सोध्दै छ उनी सोध्दै छिन् त्यसले सोध्दै छ	U sodhdai chha Uni sodhdai chhin Tyasle sodhdai chha
We are asking	हामी सोध्दै छौं	Haami sodhdai chhaun (Nasal)

You are asking	तिमीहरु सोध्दै छौ तपाईहरु सोध्दै हुनु हुन्छ	(Medium Respect) Timiharusodhdai chhau (High Respect) Tapaaiiharu sodhdai hunu huncha
They are asking	उनीहरु सोध्दै छन्	Uniharu sodhdai chhan

PRESENT PERFECT (पूर्ण बर्तमान) PURNA BARTAMAAN

ENGLISH	NEPALI	TRANSLITERATION
I have asked	मैले सोधेको छु	Maile sodheko chhu
You have asked	तैंले सोधेको छस् तिमीले सोधेको छौ तपाईले सोध्नु भएको छ	(Low Respect) Taile (Nasal) sodheko chhas (Medium Respect) Timile sodheko chhau (High Respect) Tapaaiile sodhnu bhaeko cha
He/She/It has asked	उसले सोधेको छ उनीले सोधेकी छिन् त्यसले सोधेको छ	Usle sodheko chha Unile sodheki chhin Tyasle sodheko chha
We have asked	हामीले सोधेका छौं	Haamile sodheka chhaun (Nasal)
You have asked	तिमीहरुले सोधेका छौ तपाईहरुले सोध्नु भएको छ	(Medium Respect) Timiharule sodheka chhau (High Respect) Tapaaii harule sodhnu bhaeko chha
They have asked	उनीहरुले सोधेका छन्	Uniharule sodheka chhan

PAST TENSE (भूत काल) BHOOT KAAL
SIMPLE PAST (सामान्य भूत) SAAMANYA BHOOT

ENGLISH	NEPALI	TRANSLITERATION
I asked	मैले सोधें	Maile sodhen (nasal)
You asked	तैंले सोधिस् तिमीले सोध्यौ तपाईले सोध्नु भयो	(Low Respect) Taile (Nasal) sodhis (Medium Respect) Timile sodhyau (High Respect) Tapaaiile sodhnu bhayo
He/She/It asked	उसले सोध्यो उनीले सोधिन् त्यसले सोध्यो	Usle sodhyo Unile sodhin Tyasle sodhyo

English	Nepali	Transliteration
We asked	हामीले सोध्यौं	Haamile sodhyaun (nasal)
You asked	तिमीहरूले सोध्यौ तपाईहरुले सोध्नु भयो	(Medium Respect) Timiharule sodhyau (High Respect) Tapaaiiharule sodhnu bhayo
They asked	उनीहरुले सोधे	Uniharule sodhe

PAST CONTINUOUS (अपूर्ण भूत) APURNA BHOOT

ENGLISH	NEPALI	TRANSLITERATION
I was asking	म सोध्दै थिएँ	Ma sodhdai thiyen (nasal)
You were asking	तँ सोध्दै थिईस् तिमी सोध्दै थियौ तपाई सोध्दै हुनु हुन्थ्यो	(Low Respect) Tasodhdai thiis (Medium Respect) Timi sodhdai thiyau (High Respect) Tapaaii sodhdai hunu hunthyo
He/She/It was asking	उ सोध्दै थियो उनी सोध्दै थिईन् त्यो सोध्दै थियो	U sodhdai thiyo Uni sodhdai thiin Tyo sodhdai thiyo
We were asking	हामी सोध्दै थियौं	Haami sodhdai thiyaun (nasal)
You were asking	तिमीहरु सोध्दै थियौ तपाईहरु सोध्दै हुनु हुन्थ्यो	(Medium Respect) Timiharu sodhdai thiyau (High Respect) Tapaaii haru sodhdai hunu hunthyo
They were asking	उनीहरु सोध्दै थिए	Uniharu sodhdai thiye

PAST PERFECT (पूर्ण भूत) PURNA BHOOT

ENGLISH	NEPALI	TRANSLITERATION
I had asked	मैले सोधेको थिएँ	Maile sodheko thiyen (nasal)
You had asked	तैंले सोधेको थिईस् तिमीले सोधेको थियौ तपाईले सोध्नु भएको थियो	(Low Respect) Taile (Nasal) sodheko thiis (Medium Respect) Timile sodheko thiyau (High Respect) Tapaaii le sodhnu bhaeko thiyo
He/She/It had asked	उसले सोधेको थियो उनीले सोधेकी थिईन् त्यसले सोधेको थियो	Usle sodheko thiyo Unile sodheki thiin Tyasle sodheko thiyo

We had asked	हामीले सोधेका थियौं	Haamile sodheka thiyaun (nasal)
You had asked	तिमीहरुले सोधेका थियौ तपाईहरुले सोध्नु भएको थियो	(Medium Respect) Timiharule sodheka thiyau (High Respect) Tapaaiiharule sodhnu bhaeko thiyo
They had asked	उनीहरुले सोधेका थिए	Uniharule sodheka thiye

FUTURE TENSE (भबिष्य काल) BHABISHYA KAAL
SIMPLE FUTURE (सामान्य भबिष्य) SAAMANYA BHABISHYA

ENGLISH	NEPALI	TRANSLITERATION
I will ask	म सोध्ने छु	Ma sodhne chhu
You will ask	तँ सोध्ने छस् तिमी सोध्ने छौ तपाई सोध्नु हुने छ	(Low Respect) Ta (Nasal) sodhne chhas (Medium Respect) Timi sodhne chhau (High Respect) Tapaaii sodhnu hune chha
He/She/It will ask	उ सोध्ने छ उनी सोध्ने छिन् त्यसले सोध्ने छ	U sodhne chha Uni sodhne chhin Tyasle sodhne chha
We will ask	हामी सोध्ने छौं	Haami sodhne chhaun (Nasal)
You will ask	तिमीहरु सोध्ने छौ तपाईहरु सोध्नु हुने छ	(Medium Respect) Timiharu sodhne chhau (High Respect) Tapaaii haru sodhnu hune chha
They will ask	उनीहरु सोध्ने छन्	Uniharu sodhne chhan

FUTURE CONTINUOUS (अपूर्ण भबिष्य) APURNA BHABISHYA

ENGLISH	NEPALI	TRANSLITERATION
I will be asking	म सोध्दै हुने छु	Ma sodhdai hune chhu
You will be asking	तँ सोध्दै हुने छस् तिमी सोध्दै हुने छौ तपाई सोध्दै हुनु हुने छ	(Low Respect) Ta (Nasal)sodhdai hune chhas (Medium Respect) Timi sodhdai hune chhau (High Respect) Tapaaii sodhdai hunu hune chha

He/She/It will be asking	उ सोध्दै हुने छ उनी सोध्दै हुने छिन् त्यो सोध्दै हुने छ	U sodhdai hune chha Uni sodhdai hune chhin Tyo sodhdai hune chha
We will be asking	हामी सोध्दै हुने छौं	Haami sodhdai hune chhaun (Nasal)
You will be asking	तिमीहरु सोध्दै हुने छौ तपाईहरु सोध्दै हुनु हुने छ	(Medium Respect) Timiharusodhdai hune chhau (High Respect) Tapaaiiharu sodhdai hunu hune chha
They will be asking	उनीहरु सोध्दै हुने छन्	Uniharu sodhdai hune chhan

FUTURE PERFECT (पूर्ण भबिष्य) PURNA BHABISHYA

ENGLISH	NEPALI	TRANSLITERATION
I will have asked	मैले सोधेको हुने छु	Maile sodheko hune chhu
You will have asked	तैंले सोधेको हुने छस् तिमीले सोधेको हुने छौ तपाईले सोधेको हुनु हुने छौ	(Low Respect) Taile (Nasal) sodheko hune chhas (Medium Respect) Timile sodheko hune chhau (High Respect) Tapaaiile sodheko hunu hunch chhau
He/She/It will have asked	उसले सोधेको हुने छ उनीले सोधेकी हुने छिन् त्यसले सोधेको हुने छ	Usle sodheko hune chha Unile sodheki hune chhin Tyasle sodheko hune chha
We will have asked	हामीले सोधेका हुने छौं	Haami le sodheko hune chhaun (Nasal)
You will have asked	तिमीहरुले सोधेको हुने छौ तपाईहरुले सोधेको हुनु हुने छ	Timiharule sodheko hune chhau (High Respect) Tapaaii harule sodheko hunu hunch chhau
They will have asked	उनीहरुले सोधेका हुने छन्	Uniharule sodheka hune chhan

20. To See – हेर्नु (Hernu)

PRESENT TENSE (बर्तमान काल) BARTAMAAN KAAL

SIMPLE PRESENT (सामान्य बर्तमान) SAAMANYA BARTAMAAN

ENGLISH	NEPALI	TRANSLITERATION
I see	म हेर्छु	Ma herchhu
You see	तँ हेर्छस् तिमी हेर्छौ तपाई हेर्नु हुन्छ	(Low Respect) Ta (Nasal) herchhas (Medium Respect) Timi herchhau (High Respect) Tapaaii hernu hunchha
He/She/It sees	ऊ हेर्छ ऊनी हेर्छिन् त्यसले हेर्छ	U herchha Uni herchhin Tyasle herchha
We see	हामी हेर्छौं	Haami herchhaun (Nasal)
You see	तिमीहरु हेर्छौ तपाईहरु हेर्नु हुन्छ	(Medium Respect) Timiharu herchhau (High Respect) Tapaaiiharu hernu huncha
They see	ऊनीहरु हेर्छन्	Uniharu herchhan

PRESENT CONTINUOUS (अपूर्ण बर्तमान) APURNA BARTAMAAN

ENGLISH	NEPALI	TRANSLITERATION
I am seeing	म हेर्दै छु	Ma herdai chhu
You are seeing	तँ हेर्दै छस्	(Low Respect) Ta (Nasal) herdai chhas
	तिमी हेर्दै छौ	(Medium Respect) Timi herdai chhau
	तपाई हेर्दै हुनु हुन्छ	(High Respect) Tapaaii herdai hunu huncha
He/She/It is seeing	ऊ हेर्दै छ ऊनी हेर्दै छिन् त्यसले हेर्दै छ	U herdai chha Uni herdai chhin Tyasle herdai chha
We are seeing	हामी हेर्दै छौं	Haami herdai chhaun (Nasal)

You are seeing	तिमीहरु हेर्दै छौ तपाईहरु हेर्दै हुनु हुन्छ	(Medium Respect) Timiharu herdai chhau (High Respect) Tapaaiiharu herdai hunu huncha
They are seeing	ऊनीहरु हेर्दै छन्	Uniharu herdai chhan

PRESENT PERFECT (पूर्ण बर्तमान) PURNA BARTAMAAN

ENGLISH	NEPALI	TRANSLITERATION
I have seen	मैले हेरेको छु	Maile hereko chhu
You have seen	तैंले हेरेको छस् तिमीले हेरेका छौ तपाईले हेर्नु भएको छ	(Low Respect) Taile (Nasal) hereko chhas (Medium Respect) Timile hereka chhau (High Respect) Tapaile hernu bhaeko cha
He/She/It has seen	ऊसले हेरेको छ ऊनीले हेरेकी छिन् त्यसले हेरेको छ	Usle hereko chha Unile hereki chhin Tyasle hereko chha
We have seen	हामीले हेरेका छौं	Haamile herneka chhaun (Nasal)
You have seen	तिमीहरुले हेरेका छौ तपाईहरुले हेर्नु भएको छ	(Medium Respect) Timiharule hereka chhau (High Respect) Tapaaii harule hernu bhaeko chha
They have seen	ऊनीहरुले हेरेका छन्	Uniharule hereka chhan

PAST TENSE (भूत काल) BHOOT KAAL
SIMPLE PAST (सामान्य भूत) SAAMANYA BHOOT

ENGLISH	NEPALI	TRANSLITERATION
I saw	मैले हेरें	Maile heren (Nasal)
You saw	तैंले हेरिस् तिमीले हेर्यौ तपाईले हेर्नु भयो	(Low Respect) Taile (Nasal) heris (Medium Respect) Timile heryau (High Respect) Tapaaiile hernu bhayo
He/She/It saw	ऊसले हेर्यो ऊनीले हेरिन् त्यसले हेर्यो	Usle heryo Unile herin Tyasle heryo
We saw	हामीले हेर्यौं	Haamile heryaun (nasal)

You saw	तिमीहरुले हेर्यौ	(Medium Respect) Timiharule heryau
	तपाईहरुले हेर्नु भयो	(High Respect) Tapaaiiharule hernu bhayo
They saw	ऊनीहरुले हेरे	Uniharule here

PAST CONTINUOUS (अपूर्ण भूत) APURNA BHOOT

ENGLISH	NEPALI	TRANSLITERATION
I was seeing	म हेर्दै थिएँ	Ma herdai thiyen (nasal)
You were seeing	तँ हेर्दै थिईस्	(Low Respect) Ta (Nasal) herdai thiis
	तिमी हेर्दै थियौ	(Medium Respect) Timi herdai thiyau
	तपाई हेर्दै हुनु हुन्थ्यो	(High Respect) Tapaaii herdai hunu hunthyo
He/She/It was seeing	ऊ हेर्दै थियो	U herdai thiyo
	ऊनी हेर्दै थिईन्	Uni herdai thiin
	त्यो हेर्दै थियो	Tyo herdai thiyo
We were seeing	हामी हेर्दै थियौं	Haami herdai thiyaun (nasal)
You were seeing	तिमीहरु हेर्दै थियौ	(Medium Respect) Timiharu herdai thiyau
	तपाईहरु हेर्दै हुनु हुन्थ्यो	(High Respect) Tapaaii haru herdai hunu hunthyo
They were seeing	ऊनीहरु हेर्दै थिए	Uniharu herdai thiye

PAST PERFECT (पूर्ण भूत) PURNA BHOOT

ENGLISH	NEPALI	TRANSLITERATION
I had seen	मैले हेरेको थिएँ	Maile hereko thiyen (nasal)
You had seen	तैंले हेरेको थिईस्	(Low Respect) Taile (nasal) hereko thiis
	तिमीले हेरेको थियौ	(Medium Respect) Timile hereko thiyau
	तपाईले हेर्नु भएको थियो	(High Respect) Tapaaiile hernu bhaeko thiyo
He/She/It had seen	ऊसले हेरेको थियो	Usle hereko thiyo
	ऊनीले हेरेकी थिईन्	Unile hereki thiin
	त्यसले हेरेको थियो	Tyasle hereko thiyo
We had seen	हामीले हेरेका थियौं	Haamile hereka thiyaun (nasal)

You had seen	तिमीहरूले हेरेका थियौ तपाईहरूले हेर्नु भएको थियो	(Medium Respect) Timiharule hereko thiyau (High Respect) Tapaaiiharule hernu bhaeko thiyo
They had seen	ऊनीहरूले हेरेका थिए	Uniharule hereka thiye

FUTURE TENSE (भबिष्य काल) BHABISHYA KAAL
SIMPLE FUTURE (सामान्य भबिष्य) SAAMANYA BHABISHYA

ENGLISH	NEPALI	TRANSLITERATION
I will see	म हेर्ने छु	Ma herne chhu
You will see	तँ हेर्ने छस् तिमी हेर्ने छौ तपाई हेर्नु हुने छ	(Low Respect) Ta (Nasal) herne chhas (Medium Respect) Timi herne chhau (High Respect) Tapaaii hernu hune chha
He/She/It will see	ऊ हेर्ने छ ऊनी हेर्ने छिन् त्यसले हेर्ने छ	U herne chha Uni herne chhin Tyasle herne chha
We will see	हामी हेर्ने छौं	Haami herne chhaun *(Nasal)*
You will see	तिमीहरु हेर्ने छौ तपाईहरु हेर्नु हुने छ	(Medium Respect) Timiharu herne chhau (High Respect) Tapaaii haru hernu hune chha
They will see	ऊनीहरु हेर्ने छन्	Uniharu herne chhan

FUTURE CONTINUOUS (अपूर्ण भबिष्य) APURNA BHABISHYA

ENGLISH	NEPALI	TRANSLITERATION
I will be seeing	म हेर्दै हुने छु	Ma herdai hune chhu
You will be seeing	तँ हेर्दै हुने छस् तिमी हेर्दै हुने छौ तपाई हेर्दै हुनु हुने छ	(Low Respect) Ta (Nasal) herdai hune chhas (Medium Respect) Timi herdai hune chhau (High Respect) Tapaaii herdai hunu hune chha
He/She/It will be seeing	ऊ हेर्दै हुने छ ऊनी हेर्दै हुने छिन् त्यो हेर्दै हुने छ	U herdai hune chha Uni herdai hune chhin Tyo herdai hune chha

We will be seeing	हामी हेर्दै हुने छौं	Haami herdai hune chhaun (Nasal)
You will be seeing	तिमीहरु हेर्दै हुने छौ तपाईहरु हेर्दै हुनु हुने छ	(Medium Respect) Timiharu herdai hune chhau (High Respect) Tapaiharu herdai hunu hune chha
They will be seeing	ऊनीहरु हेर्दै हुने छन्	Uniharu herdai hune chhan

FUTURE PERFECT (पूर्ण भबिष्य) PURNA BHABISHYA

ENGLISH	NEPALI	TRANSLITERATION
I will have seen	मैले हेरेको हुने छु	Maile hereko hune chhu
You will have seen	तैंले हेरेको हुने छस् तिमीले हेरेको हुने छौ तपाईले हेरेको हुनु हुने छ	(Low Respect) Taile (Nasal) hereko hune chhas (Medium Respect) Timile hereko hune chhau (High Respect) Tapaaii le hereko hunu hune chha
He/She/It will have seen	ऊसले हेरेको हुने छ ऊनीले हेरेकी हुने छिन् त्यसले हेरेको हुने छ	Usle hereko hune chha Unile hereki hune chhin Tyasle hereko hune chha
We will have seen	हामीले हेरेको हुने छौं	Haamile hereko hune chhaun (Nasal)
You will have seen	तिमीहरुले हेरेको हुने छौ तपाईहरुले हेरेको हुनु हुने छ	(Medium Respect) Timiharule hereko hune chhau (High Respect) Tapaaii harule hereko hunu hune chha
They will have seen	ऊनीहरुले हेरेको हुने छन्	Uniharule hereko hune chhan

21. To Be - हुनु (Hunu)

PRESENT TENSE (बर्तमान काल) BARTAMAAN KAAL
SIMPLE PRESENT (सामान्य बर्तमान) SAAMANYA BARTAMAAN

ENGLISH	NEPALI	TRANSLITERATION
I am	म हुँ	Ma hun *(nasal)*
You are	तँ होस् तिमी हौ तपाई हुनु हुन्छ	(Low respect) Ta *(nasal)* hos (Medium Respect) Timi hau (High Respect) Tapaaii hunu huncha
He/She/It is	ऊ हो उनी हुन् त्यो हो	U ho Uni hun Tyo ho
We are	हामी हौँ	Haami Haun *(nasal)*
You are	तिमीहरु हौ तपाईहरु हुनु हुन्छ	(Medium Respect) Timiharu hau (High Respect) Tapaaiiharu hunu huncha
They are	उनीहरु हुन्	Uniharu hun

PRESENT CONTINUOUS (अपूर्ण बर्तमान) APURNA BARTAMAAN

ENGLISH	NEPALI	TRANSLITERATION
I am being	म हुँदै छु	Ma hundai chhu
You are being	तँ हुँदै छस् तिमी हुँदै छौ तपाई हुँदै हुनु हुन्छ	(Low respect) Ta *(nasal)* hundai chhas (Medium Respect) Timi hundai chhau (High Respect) Tapaaii hundai hunu huncha
He/She/It is being	ऊ हुँदै छ उनी हुँदै छिन् त्यो हुँदै छ	U hundai chha Uni hundai chhin Tyo hundai chha
We are being	हामी हुँदै छौं	Haami hundai chhaun *(nasal)*

You are being	तिमीहरु हुँदै छौ तपाईहरु हुँदै हुनु हुन्छ	(Medium Respect) Timiharu hundai chhau (High Respect) Tapaaiiharu hundai hunu huncha
They are being	उनीहरु हुँदै छन्	Uniharu hundai chhan

PRESENT PERFECT (पूर्ण बर्तमान) PURNA BARTAMAAN

ENGLISH	NEPALI	TRANSLITERATION
I have been	म भएको छु	Ma Bhaeko chhu
You have been	तँ भएको छस् तिमी भएको छौ तपाई हुनु भएको छ	(Low respect) Ta (nasal) Bhaeko Chhas (Medium Respect) Timi bhaeko chhau (High Respect) Tapaaii Hunu bhaeko cha
He/She/It has been	ऊ भएको छ उनी भएकी छिन् त्यो भएको छ	U Bhaeko chha Uni bhaeki chhin Tyo bhaeko chha
We have been	हामी भएका छौं	Haami bhaeka chhaun (nasal)
You have been	तिमीहरु भएका छौ तपाईहरु हुनु भएको छ	(Medium respect) Timiharu Bhaeka chhau (High respect) Tapaaiiharu Hunu bhaeko chha
They have been	उनीहरु भएका छन्	Uni haru bhaeka chhan

PAST TENSE (भूत काल) BHOOT KAAL
SIMPLE PAST (सामान्य भूत) SAAMANYA BHOOT

ENGLISH	NEPALI	TRANSLITERATION
I was	म थिएँ	Ma Thiyen (nasal)
You were	तँ थिईस् तिमी थियौ तपाई हुनु हुन्थ्यो	(Low respect) Ta (nasal) Thiis (Medium Respect) Timi thiyau (High Respect) Tapaaii Hunu hunthyo
He/She/It was	ऊ थियो उनी थिईन् त्यो थियो	U thiyo Uni Thiin Tyo thiyo
We were	हामी थियौं	Haami thiyaun (nasal)

English	Nepali	Transliteration
You were	तिमीहरू थियौ तपाईहरू हुनु हुन्थ्यो	(Medium respect) Timi haru thiyau (High respect) Tapaaiiharu Hunu hunthyo
They were	उनीहरू थिए	Uniharu thiye

PAST CONTINUOUS (अपूर्ण भूत) APURNA BHOOT

ENGLISH	NEPALI	TRANSLITERATION
I was being	म हुँदै थिएँ	Ma hundai thiyen *(nasal)*
You were being	तँ हुँदै थिइस् तिमी हुँदै थियौ तपाई हुँदै हुनु हुन्थ्यो	(Low respect) Ta *(nasal)* hundai thiis (Medium Respect) Timi hundai thiyau (High Respect) Tapaaii hundai hunu hunthyo
He/She/It was being	उ हुँदै थियो उनी हुँदै थिइन् त्यो हुँदै थियो	U hundai thiyo Uni hundai thiin Tyo hundai thiyo
We were being	हामी हुँदै थियौं	Haami hundai thiyaun *(nasal)*
You were being	तिमीहरू हुँदै थियौ तपाईहरू हुँदै हुनु हुन्थ्यो	(Medium respect) Timiharu hundai thiyau (High respect) Tapaaiiharu hundai hunu hunthyo
They were being	उनीहरू हुँदै थिए	Uniharu hundai thiye

PAST PERFECT (पूर्ण भूत) PURNA BHOOT

ENGLISH	NEPALI	TRANSLITERATION
I had been	म भएको थिएँ	Ma bhaeko thiyen *(nasal)*
You had been	तँ भएको थिइस् तिमी भएको थियौ तपाई हुनु भएको थियो	(Low respect) Ta *(nasal)* bhaeko thiis (Medium Respect) Timi bhaeko thiyau (High Respect) Tapaaii hunu bhaeko thiyo
He/She/It had been	ऊ भएको थियो उनी भएकी थिइन् त्यो भएको थियो	U bhaeko thiyo Uni bhaeki thiin Tyo bhaeko thiyo
We had been	हामी भएका थियौं	Haami bhaeka thiyaun *(nasal)*

You had been	तिमीहरु भएका थियौ तपाईहरु हुनु भएको थियो	(Medium respect) Timi haru bhaeka thiyau (High respect) Tapaaiiharu hunu bhaeko thiyo
They had been	उनीहरु भएका थिए	Uniharu bhaeka thiye

FUTURE TENSE (भबिष्य काल) BHABISHYA KAAL
SIMPLE FUTURE (सामान्य भबिष्य) SAAMANYA BHABISHYA

ENGLISH	NEPALI	TRANSLITERATION
I will be	म हुने छु	Ma hune chhu
You will be	तँ हुने छस् तिमी हुने छौ तपाई हुनु हुने छ	(Low respect) Ta (nasal) hune chhas (Medium Respect) Timi hune chhau (High Respect) Tapaaii hunu hune chha
He/She/It will be	ऊ हुने छ उनी हुने छिन् त्यो हुने छ	U hune chha Uni hune chhin Tyo hune chha
We will be	हामी हुने छौं	Haami hune chhaun (nasal)
You will be	तिमीहरु हुने छौ तपाईहरु हुनु हुने छ	(Medium respect) Timiharu hune chhau (High respect) Tapaaiiharu hunu hune chha
They will be	उनीहरु हुने छन्	Uniharu hune chhan

FUTURE CONTINUOUS (अपूर्ण भबिष्य) APURNA BHABISHYA

ENGLISH	NEPALI	TRANSLITERATION
I will be being	म हुँदै हुने छु	Ma hundai hune chhu
You will be being	तँ हुँदै हुने छस् तिमी हुँदै हुने छौ तपाई हुँदै हुनु हुने छ	(Low respect) Ta *(nasal)* hundai hune chhas (Medium Respect) Timi hundai hune chhau (High Respect) Tapaaii hundai hunu hune chha
He/She/It will be being	ऊ हुँदै हुने छ उनी हुँदै हुने छिन् त्यो हुँदै हुने छ	U hundai hune chha Uni hundai hune chhin Tyo hundai hune chha

We will be being	हामी हुँदै हुने छौं	Haami hundai hune chhaun *(nasal)*
You will be being	तिमीहरु हुँदै हुने छौ तपाईहरु हुँदै हुनु हुने छ	(Medium respect) Timi haru hundai hune chhau (High respect) Tapaaiiharu hundai hunu hune chha
They will be being	उनीहरु हुँदै हुने छन्	Uniharu hundai hune chhan

FUTURE PERFECT (पूर्ण भबिष्य) PURNA BHABISHYA

ENGLISH	NEPALI	TRANSLITERATION
I will have been	म भएको हुने छु	Ma bhaeko hune chhu
You will have been	तँ भएको हुने छस् तिमी भएको हुने छौ तपाई भएको हुनु हुने छ	(Low respect) Ta *(nasal)* bhaeko hune chhas (Medium Respect) Timi bhaeko hune chhau (High Respect) Tapaaii bhaeko hunu hune cha
He/She/It will have been	ऊ भएको हुने छ उनी भएकी हुने छिन् त्यो भएको हुने छ	U bhaeko hune cha Uni bhaeki hune chhin Tyo bhaeko hune cha
We will have been	हामी भएको हुने छौं	Haami bhaeko hune chhaun *(nasal)*
You will have been	तिमीहरु भएको हुने छौ तपाईहरु भएको हुनु हुने छ	(Medium respect) Timiharu bhaeko hune chhau (High respect) Tapaaiiharu bhaeko hunu hune cha
They will have been	उनीहरु भएको हुने छन्	Uniharu bhaeko hune chhan

CPSIA information can be obtained
at www.ICGtesting.com
Printed in the USA
BVHW01s2122040718
520763BV00017B/367/P